ზეციური სუფლეს ქმნილებები

100 გემრიელი რეცეპტი ქონდარი და ტკბილი სუფლეებისთვის, განსაცვიფრებელი ფერადი სურათებით

ტარიელ კახიძე

საავტორომასალ ©2023

ყველ უფლება დაცულა

ამ წიგნის არცერთ ნაწილს გამოყენება ან გადაცემა არ შეიძლება რიმე ფორმითან რიმე საშუალებითგამომცემლსა და საავტოროფლებების მფლობელს საანადწერლობით თანხმობის გარეშე, გარდა მიმოხილვისას გამოყენებულ მოკლე ციტატებისა. ეს წიგნი არუნდ ჩაითვალს სამედცინო იურიდულ ან სხვა პროფესიულ რჩევის შემცვლდ

შესავალი 7
საუზმე 8
   1. სუფლეს ბლინები 9
   2. ედამის ყველის სუფლე ბეკონით 12
   3. საუზმის სუფლე 15
   4. პოლანდიური ღუმელის ბეკონის სუფლე 17
   5. სამი ყველის სუფლე ვაფლი 19
   6. გამომცხვარი კვერცხის სუფლე 21
   7. გამომცხვარი პოლენტას სუფლები ტალეჯიოს სოუსით 23
   8. შვრიის სუფლე 25
   9. ფრანგული სადღეგრძელო სუფლე 27
   10. ფეტა და გახეხილი პომიდვრის სუფლე ომლეტი 29

მადის აღმძვრელები **31**
   11. მინი სუფლის ნაკბენები 32
   12. კარაქის გოგრა სუფლის ნაკბენები 34
   13. ჩილეს ყველის სუფლის მოედნები 36
   14. დამარილებული კარამელის პოპკორნის სუფლეები 38
   15. სუფლე კვერცხის თეთრი ბურთულები წითელი ლობიოს პასტით 42

ძირითადი კურსი **44**
   16. სიმინდის სუფლე 45
   17. მადერების სტაფილოს სუფლე 47
   18. Acorn squash სუფლე 49
   19. ბროკოლის სუფლე 52
   20. შებოლილი ორაგულის სუფლე ტორტი 54
   21. ლომის ჩედარის ხაჭოს სუფლე 57
   22. ხოხბის სუფლე 59

23. ნიახური და ყველის სუფლე 61

24. ისპანახი სუფლე 64

25. ჭარხლის მწვანე სუფლე 66

26. მონტერეი ჯეკ სუფლე 68

27. ჭარხლის სუფლე ცხენით 70

28. სიმინდის სუფლე 73

29. კრევეტების სუფლე 75

30. ჩილე-სიმინდის სუფლე 77

31. ბონაპარტის რეტრატული სიმინდის სუფლე 79

32. პურის პუდინგის სუფლე 81

33. ბროკოლის სუფლე 84

34. ჩილის ყველის სუფლე 86

35. პურის სუფლე სოუსით და თეთრი ტრიუფელის ზეთით 89

36. რატატუი და ჩევრ სუფლე 92

37. ბრიუსელის კომბოსტოს სუფლე 95

38. Huevos ranchero casserole suffle 97

39. ვაშლის ბრინჯის სუფლე 100

40. ქათმის სუფლეს სალათი 102

41. მაკარონის სუფლე 104

42. ნუდლის და სოკოს სუფლე 106

43. არტიშოკის და ხამანწკის სუფლე 108

44. ასპარაგუსის სუფლე 110

45. ავოკადოს სალათის სუფლე 112

46. ჭარხლის მწვანე სუფლე 114

47. კარაქის გოგრის სუფლე 116

48. შოკოლადის ღრუბლის სუფლე 118

49. შოფლუდს სუფლე ტორტ 120

50. მარწყვის სუფლე 122

51. უკრაინული ორთქლზე მოხარშული კომბოსტოს სუფლე 124

52. გარგარის და ფისტას სუფლე.. 127
53. კალენდულას სუფლე... 129
54. ჩამოცვენილი ლიმონის სუფლე... 131
55. გაკინული მოცვის სუფლე დაფქული შაქრით.................................... 134
56. გაკინული გარგარის სუფლეები... 137
57. გრანდ მარნიე და ფორთოხლის ცივი სუფლე.................................... 140
58. ესპანური ტაფა სუფლე.. 143
59. ფორთოხლის ქელე სუფლე... 145
60. იისფერი სუფლე... 147
61. ფისტას სუფლე ფისტას ნაკინით... 149
62. ფრანგული თეთრი შოკოლადის სუფლე... 152
63. ვაშლის სუფლები დამარილებული კარამელის სოუსით................. 155
64. გაციევებული ლიმონის სუფლე... 158
65. შემწვარი მსხლისა და ლურჯი ყველის სუფლე................................. 161
66. ბანანის კაკაოს სუფლე... 164
67. მოკას სუფლები.. 166
68. ქოლოს სუფლე... 168
69. შოკოლადის მარშმლოუს სუფლე... 170
70. ნაკინის კივის სუფლე... 172
71. შოკოლადის სუფლები მსხლით... 174
72. Grand Marnier Soufflé... 176
73. ნეკერჩხლის სიროვი სუფლე... 179
74. ფორთოხლის სუფლე.. 181
75. ვაშლის სუფლე... 184
76. გარგარის სუფლე... 186
77. გამომცხვარი შოკოლადის პუდინგის სუფლე ბანანთან ერთად.. 189
78. ბანანის შოკოლადის სუფლეები.. 191
79. შავი და თეთრი ბანანის გაყოფილი სუფლე....................................... 193
80. შავი ტყის სუფლე.. 195

81. ბლენდერის სუფლე 197

82. ბლინცის სუფლე 199

83. ლურჯი ყველის სუფლე... 202

84. მოცვის ლიმონის სუფლეს ღვეზელი 204

85. ბრაუნის სუფლე პიტნის კრემით 207

86. კაროზ-მოკას სუფლე 209

87. კარამელის ვაშლის თბილის სუფლე... 211

88. წაბლის სუფლე 213

89. შოკოლადის პიტნის სუფლეები 215

90. შოკოლადის ხრაშუნა სუფლე 218

91. ცივი ხილის სუფლე 221

92. Crockpot ყველის სუფლე.. 223

93. Daiquiri სუფლე 225

94. დრამბუის სუფლე 227

95. გაკინული გრანდ მარნიეს სუფლე 229

96. ხილის ნამცხვრის სუფლეები 232

97. წითელი ჭოლოს სუფლე მყინვარებით....................................... 234

98. ჰომინის სუფლე 236

99. ჟასმინის ჩაის სუფლე ლიმონის ბალახის ნაყინით.................... 238

100. ფორთოხალი - კვერცხის სუფლე 241

დასკვნა 244

შესავალი

კეთილი იყოს თქვენი მობრძანება სუფლეს სამყაროში, სადაც შეგიძლიათ დატკბეთ მსუბუქი, ფუმფულა და გემრიელი ქმნილებებით რომლებიც ქმნიან სრულყოფილ კერძებს ან დესერტებს ნებისმიერი შემთხვევისთვის. ეს კულინარიული წიგნი არის თქვენი საბოლოო სახელმძღვანელო ყველაზე ზეციური სუფლეს შესაქმნელად მიუხედავად იმისა, ხართ გამოცდილი შეფ-მზარეული თუ დამწყები მზარეული.

შიგნით ნახავთ 100 საინტერესო რეცეპტს ყველა სახის სუფლესათვის, კლასიკური ყველისა და ისპანახის სუფლეებიდან დაწყებული, ტკბილ კერძებამდე, როგორიცაა შოკოლადისა და ჟოლოს სუფლეები. თითოეული რეცეპტი პროფესიონალურად არის შემუშავებული იმისთვის, რომ თქვენი სუფლეები იდეალურად ამოიზარდოს და ჰქონდეს ხავერდოვანი ტექსტურა, რომელიც დნება პირში.

რეცეპტების გარდა, თქვენ იპოვით სასარგებლო რჩევებსა და ხრიკებს ყოველ ჯერზე სრულყოფილი სუფლეს მოსამზადებლად თქვენ ასევე ნახავთ თითოეული რეცეპტის განსაცვიფრებელ ფერად სურათებს, ასე რომ თქვენ შეგიძლიათ ნახოთ ზუსტად როგორი უნდა იყოს თქვენი სუფლე.

თუ თქვენ მასპინძლობთ სადილს თუ უბრალოდ ეძებთ დამამშვიდებელ დესერტს, ზეციური სუფლეს ქმნილებები აქვს ყველაფერი, რაც გჭირდებათ ყოველ ჯერზე სრულყოფილი სუფლეს შესაქმნელად

საუზმე

1. სუფლეს ბლინები

აკეთებს: 2

ინგრედიენტები

- 1 საშუალო თავისუფალი ქიშის კვერცხი, გამოყოფილი, პლუს 1 დამატებითი კვერცხის ცილა
- 2½ სუფრის კოვზი შაქარი
- ½ ჩაის კოვზი ვანილის ექსტრაქტი
- 2 სუფრის კოვზი მთელი რძე
- 4 სუფრის კოვზი ჩვეულებრივი ფქვილი
- ¼ ჩაის კოვზი გამაფხვიერებელი
- ¼ ჩაის კოვზი კბილის კრემი
- კარაქი ზეთად
- ნეკერჩხლის სიროფი, დამარილებული კარაქი და შაქრის პუდრა მიირთვით

ინსტრუქციები:

a) კვერცხის გული, ნახევარი შაქარი და ვანილი ათქვიფეთპატარა თასში გაფერმკრთალებამდე და ქაფამდე.

b) დაუმატეთ რძე, ათქვიფეთ სანამ კარგად არ გაერთიანდება, შემდეგ გაწურეთფქვილი, გამაფხვიერებელი და ცოტა მარილი და აურიეთსანამ არგაერთიანდება.

c) ცალკე სუფთა თასში შეურიეთ კვერცხის ცილა და ტარტარის კრემი.

d) ათქვიფეთელექტროხელის მიქსერითრბილმწვერვალებამდე.

e) დაუმატეთ დარჩენილი შაქარი და გააგრძელეთ თქვეფა მყარ, პრიალა მწვერვალებამდე.

f) ყვითლების ნარევი მოაყარეთ მერინგში 2 დანამატით რვა ფიგურის მოძრაობით სანამ არ ერთდებიან - არ აურიოთ თორემ ჰაერს გამოგლეჯავთ

g) საშუალო ცეცხლზე გააცხელეთ დიდი სახურავით დახურული არაწებოვანი ტაფა.

h) ტაფას მალიან მსუბუქად წაუსვით ცხიმი, შემდეგ მოაყარეთ ცომის დახლოებით ⅔ 2 დიდ ბორცვზე, ერთმანეთისგან კარგად დაშორებული.

i) ტაფას დაუმატეთ 2 ჩაის კოვზი წყალი, შემდეგ დააფარეთ და დაწიეთ ცეცხლი ყველაზე დაბალ ტემპერატურამდე და აცალეთ 4 წუთის განმავლობაში.

j) დარჩენილი ცომი გაყავით 2 ბლინს შორის, შემდეგ ისევ დააფარეთ და მოხარშეთ კიდევ 4 წუთი.

k) ნაზად გადააბრუნეთ ბლინები და მოხარშეთ კიდევ 4 წუთი.

l) მიირთვით დაუყოვნებლივ, კარაქით, შაქრის პუდრით და ნეკერჩხლის სიროფით

2. ედამის ყველის სუფლე ბეკონით

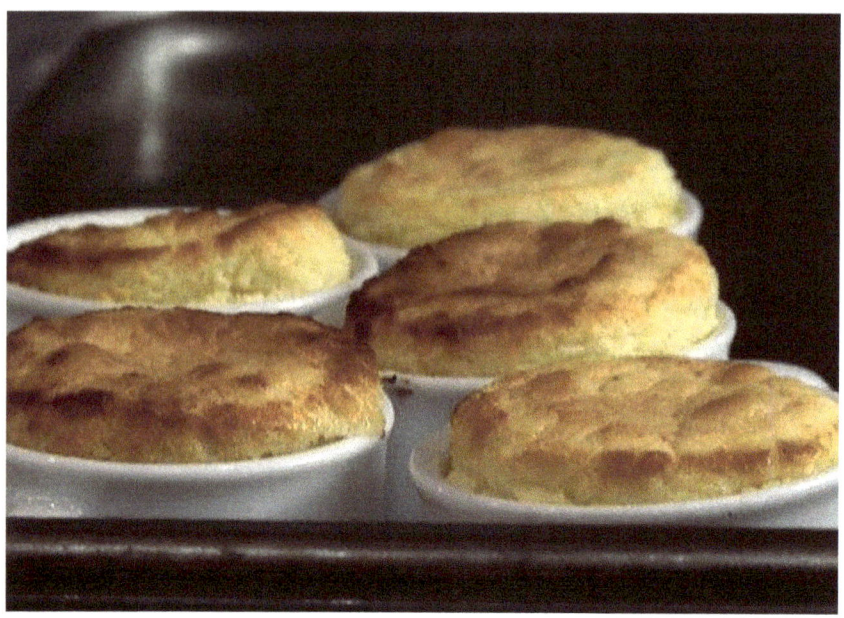

მზადდება: 8 პორცია

ინგრედიენტები:

ბეშამელი:

- 5 ჩაის კოვზი ფქვილი
- 6 კვერცხის გული
- მწიკვი მარილი
- 1 ¼ ჭიქა რძე, მოხარშული
- მწიკვი კაიენის წიწაკა
- ¼ ჭიქა კარაქი
- მწიკვი წიწაკა

ყველის ნარევი:

- მწიკვი მარილი
- 3 უნცია ნაღების ყველი
- ¼ ფუნტი ბეკონის პატარა ბრუნოზა
- 3 უნცია ედამის ყველი
- 8 კვერცხის ცილა, ათქვეფილი
- 2 უნცია კარაქი

ინსტრუქციები:

a) გაადნეთ კარაქი, დაუმატეთ ფქვილი და მოურიეთ სანამ ნარევი ბუშტუკებს არ დაიწყებს.

b) ნელნელა დაუმატეთ ცხელი რძე მუდმივად აურიეთ მოურიეთ სანამ ტექსტურა გლუვი და სქელი გახდება და ადუღებას დაიწყებს. გადმოდგით ცეცხლიდან.

c) აურიეთ გული, მარილი, პილპილი და კაიენი ნარევში.

d) გააცხელეთ ღუმელი 350F-მდე.

e) გახეხილი პარმეზანი თანაბრად მოაყარეთ კარაქიან რამეკინს. მომზადეთ წყლის აბაზანა სუფლესთვის და გააცხელეთ ღუმელში.

f) თასში გაადნეთ კრემის ყველი, კარაქი და ყველი ედამი. ყველის ნარევს დაუმატეთ ბეშამელი. სპატულით მოაყარეთ ნაზად ათქვეფილი კვერცხის ცილა.

g) შეწვით ბეკონი

h) ტაფაში გახეხვამდე. გადაწურეთ ზედმეტი ცხიმი და მოათავსეთ ქაღალდის პირსახოცზე.

i) შეავსეთ მომზადებული რამეკინი ნარევით ზემოდან. გაასუფთავეთ რამეკინის კიდეები ზედმეტი ნარევისგან. სუფლეს გამოსაცხობად მოათავსეთ რამეკინები ბეინ მარიში 15 წუთის განმავლობაში, სანამ რამეკინზე 1 სანტიმეტრით არ ამოიწევა. სუფლე გამოიღეთ ღუმელიდან გასაციებლად. სუფლეს ცენტრში მოათავსეთ ჩაის კოვზი ხრაშუნა ბეკონი.

j) რამეკინი მოათავსეთ თეფშზე ხახვის სორბეტის კვერცხთან ერთად

3. საუზმის სუფლე

აკეთებს: 2

ინგრედიენტები:

- 2 კვერცხი
- 2 სუფრის კოვზი კრემი
- წითელი ჩილის წიწაკა
- □ხრახუში

ინსტრუქციები:

a) ოხრახუში და წიწაკა წვრილად დაჭერით კვერცხები ჩავყაროთ ჯამში და შევურიოთ ნაღები, ოხრახუში და პილპილი.

b) შეავსეთკერძები ნახევრამდე კვერცხის ნარევით

c) აცხვეთსუფლეები 200 გრადუსზე 8 წუთის განმავლობაში.

4. ჰოლანდური ღუმელის ბეკონის სუფლე

აკეთებს: 2

ინგრედიენტები:

- 4 ჭიქა კუბიკებად დაჭრილი დღის თეთრი ან ფრანგული პური
- ⅓ ჩაის კოვზი ხახვის ფხვნილი
- 2 ჭიქა გახეხილი ყველი ჩედარი
- დაფქული წიწაკა
- 10 კვერცხი, მსუბუქად ათქვეფილი
- ½ ფუნტი მოხარშული ბეკონი, დამსხვრეული
- 3 ჭიქა რძე
- ½ ჭიქა დაჭრილი სოკო
- 1 ჩაის კოვზი ყავისფერი მდოგვი
- ½ ჭიქა დაჭრილი, გახეხილი პომიდორი
- 1 ჩაის კოვზი მარილი

ინსტრუქციები:

a) ჰოლანდიური ღუმელი დაფარეთ ალუმინის ფოლგა ან უხვად წაუსვით ცხიმი.
b) ღუმელში მოაწყეთ პურის კუბიკები და მოაყარეთ ყველი.
c) ათქვიფეთ კვერცხი, რძე, მდოგვი, მარილი, პილპილი და ხახვის ფხვნილი.
d) თანაბრად დაასხით ყველი და პური. მოაყარეთ ბეკონი,
e) სოკო და პომიდორი. დააფარეთ და გააცივეთ ღამით
f) ამოღებისთანავე ამოიღეთ გაციებიდან, რომ ჰოლანდიური ღუმელი გახურდეს.
g) აცხვეთ დახურულით 1 საათი 350 გრადუსზე.

5. სამი ყველის სუფლე ვაფლი

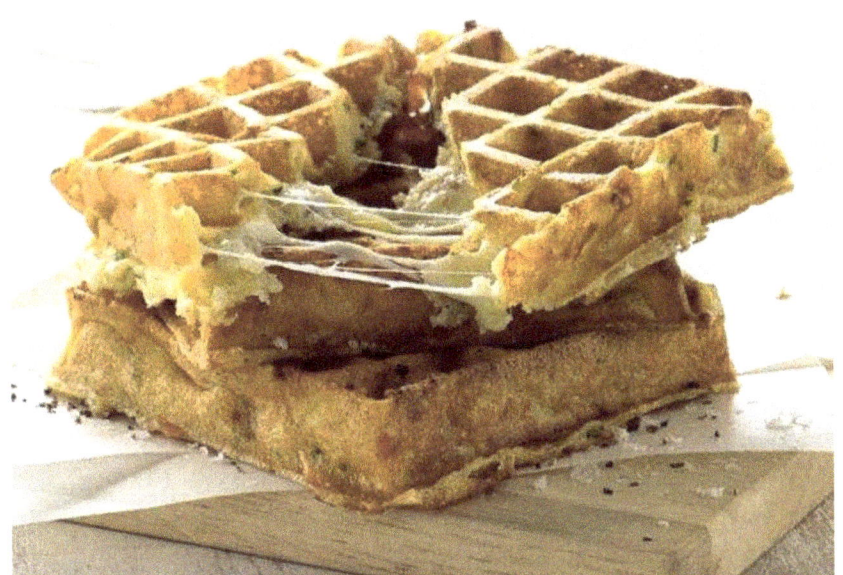

მოცულობა: 10-დან 12-მდე

ინგრედიენტები

- 4 კვერცხი, გამოყოფილი
- 2¼ ჭიქა რძე
- 4 უნცია კარაქი, გამდნარი
- ½ ჭიქა გახეხილი პარმეზანი
- ½ ჭიქა გახეხილი მოცარელა
- ¼ ჭიქა გახეხილი პროვოლონი
- 3 ჭიქა უნივერსალური ფქვილი
- 1 სუფრის კოვზი გამაფხვიერებელი
- 1 ჩაის კოვზი საცხობი სოდა
- 1 ჩაის კოვზი კოშერის მარილი
- 1 ჭიქა წვრილად დაჭრილი ხახვი

ინსტრუქციები:

a) დააყენეთ Sear და დააჭირეთ გრილი ვაფლის ფირფიტებით აირჩიეთ 450°F ზედა და ქვედა ფირფიტებისთვის. დააჭირეთ დაწყებას წინასწარგახურებისთვის.

b) შეურიეთკვერცხის გული, რძე და კარაქი და კარგად ათქვიფეთ ერთმანეთში.

c) ლანგარში მოათავსეთ ყველი, ფქვილი, გამაფხვიერებელი, გამაფხვიერებელი, სოდა და მარილი და ცენტრში მოათავსეთჯა.

d) ჩაასხით კვერცხის ნარევში და მოაყარეთ სანამ არ ერთდებიან.

e) კვერცხის ცილა ავთქვიფოთ ელექტრო სათქვეფით სანამ არ ჩამოყალიბდება მყარი მწვერვალები.

f) მოაყარეთვაფლის ცომი დაჭრილხახვთან ერთად

g) წინასწარ გახურების დასრულების შემდეგ; მწვანე Ready შუქი ანათებს.

h) თითოეულვაფლის კვადრატში დაამატეთ½ ჭიქა ცომი.

i) დახურეთთავსახური და მოხარშეთსანამ არმოიხარშება და არგახდება ოქროსფერი.

j) ამას დასჭირდება დაახლოებით 4-5 წუთი ან სანამ არ მოიხარშება თქვენი გემოვნებით

6. გამომცხვარი კვერცხის სუფლე

მზადდება : 6 პორცია

ინგრედიენტები:

- 12 ნაჭერი თეთრი პური
- 2 სუფრის კოვზი კარაქი, დარბილებული
- 6 ნაჭერი ლორი
- 6 ნაჭერი ამერიკული ყველი
- 3 ჭიქა რძე
- 4 კვერცხი, ათქვეფილი
- მარილი და პილპილი გემოვნებით

ინსტრუქციები:

a) თითოეული პურის ნაჭრის ერთმხარეს კარაქი წაუსვით

b) დაალაგეთ 6 ნაჭერი კარაქის გვერდით ქვემოთ მსუბუქად კარაქწასმულ13"x9" საცხობ ფორმაში.

c) ზემოდან დაალაგეთ ლორი და ყველი. გადააფარეთ დარჩენილი პურით კარაქითზემოთ

d) რძე და კვერცხი ათქვიფეთქაფამდე; დაასხითყველზე.

e) მოაყარეთმარილი და პილპილი.

f) გამოაცხვეთ თავდახურული 350 გრადუსზე 50 წუთის განმავლობაში ან სანამ ოქროსფერი არგახდება.

g) სუფრასთან მიტანამდე გააჩერეთ5 წუთი.

7. გამომცხვარი პოლენტას სუფლები ტალეჯიოს ოუსით

იღებს: 6

ინგრედიენტები

- 60 გრ უმარილო კარაქი
- 50 გრამი მყისიერი პოლენტა, დამატებით მტვერი
- 60 გრ უბრალო ფქვილი
- 2½ ჭიქა რძე
- 4 კვერცხი, გამოყოფილი, პლუს 2 დამატებითი გული
- 300 გრ ტალეჯო, ამოღებული ქერქი, დაჭრილი
- 300 მლ სუფთა ნაღები
- გახეხილი პარმეზანი და სალათი, მიირთვით

ინსტრუქციები:

a) გააცხელეთ ღუმელი 160°C-ზე. რვა ½ ჭიქა დარიოლის ფორმას წაუსვით კარაქი და დაასხით პოლენტა.

b) ქვაბში დაბალ ცეცხლზე გაადნეთ კარაქი. გააცხელეთ ცეცხლი საშუალოზე, დაუმატეთ ფქვილი და ადუღეთ 2-3 წუთი. დაუმატეთ რძე და ნაზად ათქვიფეთ ერთგვაროვანი მასის მიღებამდე. გადმოდგით ცეცხლიდან და ათქვიფეთ პოლენტაში. გააჩერეთ 5 წუთი, რომ ოდნავ გაცივდეს.

c) 4 კვერცხის ცილა ათქვიფეთ ელექტრული სათქმელებით რომ მწვერვალები გამაგრდეს. შეურიეთ 6 კვერცხის გული გაციებულ პოლენტას ნარევში, შემდეგ ნაზად მოაყარეთ კვერცხის ცილა.

d) ფორმები სამი მეოთხედით შეავსეთ სუფლეს ნარევით და გადაიტანეთ შემწვარ ტაფაზე. ტაფაში დაასხით იმდენი მდუღარე წყალი, რომ ფორმებს გვერდებზე ნახევრად აწვდეს. აცხვეთ 25 წუთის განმავლობაში ან სანამ არ ამოვა.

e) გადააბრუნეთ ფორმები საცხობ ქაღალდდაფენილ საცხობ ფურცელზე. მოათავსეთ ტალეჯო და ნაღები ცეცხლგამძლე თასში, დადებულ ტაფაზე ნაზად მდუღარე წყალში, დროდადრო ურიეთ სანამ არ გადნება და გლუვი გახდება.

f) თითოეულ სუფლეს დაასხით ტალეჯოს სოუსი და მოაყარეთ პარმეზანი. გამოაცხვეთ 25 წუთის განმავლობაში ან სანამ არ შესქელდება და ოქროსფერი გახდება, შემდეგ მიირთვით მწვანე სალათთან ერთად

8. შვრიის საუზმე

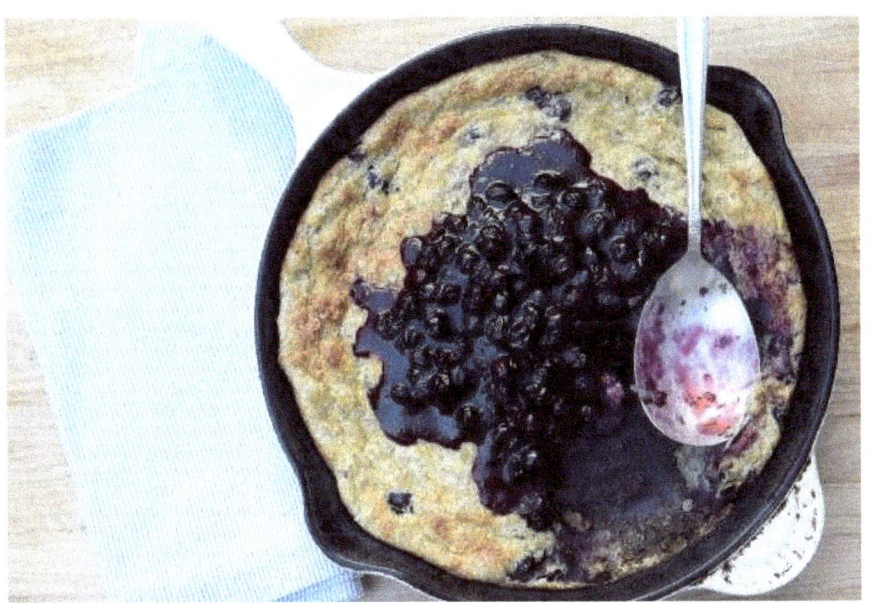

ილებს: 4

ინგრედიენტები:

- 1 ჭიქა ზედმეტი სქელი ნაღების შვრია
- 3 ჭიქა მთელი რძე
- 2 სუფრის კოვზი ტურბინადოშაქარი
- მწიკვი კოშერის მარილი
- 3 დიდი კვერცხი, გამოყოფილი
- 2 ჭიქა შერეული ქილოდ მოცვი
- ½ ჩაის კოვზი წვრილადგახეხილი ლიმონის ცედრა
- საკონდიტროშაქარი, გასაფხვიერებლად
- ნეკერჩხლის სუფთა სიროფი, სერვირებისთვის

ინსტრუქციები:

a) გააცხელეთ ღუმელი 350°-ზე. 2 ლიტრიანი საცხობი კერძი კარაქით

b) დიდქვაბში შეურიეთშვრია, რძე, ტურბინადოშაქარი და მარილი და მიიყვანეთადუღებამდე.

c) მოხარშეთ ზომიერ ცეცხლზე, დროდადრო ურიეთ სანამ არ შესქელდება ფაფის კონსისტენციამდე, დაახლოებით 15 წუთის განმავლობაში. გადმოდგითცეცხლიდან; ოდნავ გაცივდეს.

d) სწრაფად მუშაობისას, კვერცხის გულები აურიეთ შვრიის ფაფაში, სანამ კარგადარაურიეთ

e) მოაყარეთ1 ჭიქა კენკრა და ლიმონის ცედრა.

f) დიდთასში ხელის მიქსერითათქვიფეთკვერცხის ცილა საშუალო სიჩქარით სანამ საშუალო სიმკვრივის მწვერვალები არ ჩამოყალიბდება, დაახლოებით 3 წუთის განმავლობაში. ნაზად მოაყარეთცილა შვრიის ფაფაში, სანამ არგაერთიანდება.

g) მიღებული მასა გადაქვენით მომზადებულ ჭურჭელში და გამოაცხვეთ დაახლოებით 30 წუთის განმავლობაში, სანამ ოქროსფერი და შესქელებული არგახდება.

h) მოაყარეთსაკონდიტროშაქრითდა მიირთვითცხლადდარჩენილი 1 ჭიქა კენკრა და ნეკერჩხლის სიროფი სურვილისამებრ

9. ფრანგული სადღეგრძელოსუფლე

იღებს: 12

ინგრედიენტები:

- 10 ჭიქა თეთრი პურის კუბურები
- რბილდშერბილებული 8 უნცია უცხიმონაღების ყველი
- 8 კვერცხი
- 1 ½ ჭიქა რძე
- ⅔ ჭიქა ნახევრადნახევარი კრემი
- ½ ჭიქა ნეკერჩხლის სიროფი
- ½ ჩაის კოვზი ვანილის ექსტრაქტი
- 2 სუფრის კოვზი საკონდიტროშაქარი

ინსტრუქციები:

a) მოათავსეთ პურის კუბურები მსუბუქად ცხიმწასმულ 9x13 დიუმიან საცხობ ფორმაში.

b) დიდ თასში ათქვიფეთ ნაღების ყველი ელექტრო მიქსერით საშუალოსიჩქარითგლუვებამდე.

c) სათითაოდ დაუმატეთ კვერცხები, ყოველი დამატების შემდეგ კარგადაურიეთ

d) შეურიეთრძე, ნახევარი და ნახევარი, ნეკერჩხლის სიროფი და ვანილი, სანამ ნარევი არგახდება გლუვი.

e) პურს დაასხითნაღების ყველის ნარევი; დაფარეთდა შედგით მაცივარში ღამით

f) მეორე დილითსუფრე გამოიღეთმაცივრიდან და გააჩერეთოთახის ტემპერატურაზე 30 წუთის განმავლობაში. ამასობაში გააცხელეთ ღუმელი 375 გრადუსზე F.

g) გამოაცხვეთთავდახურული 30 წუთის განმავლობაში წინასწარ გახურებულღუმელში, ან სანამ ცენტრში ჩასმული დანა სუფთა არ გამოვა.

h) მოაყარეთსაკონდიტროშაქარი და მიირთვითთბილი.

10. ფეტა და გახეხილი პომიდვრის სუფლე ომლეტი

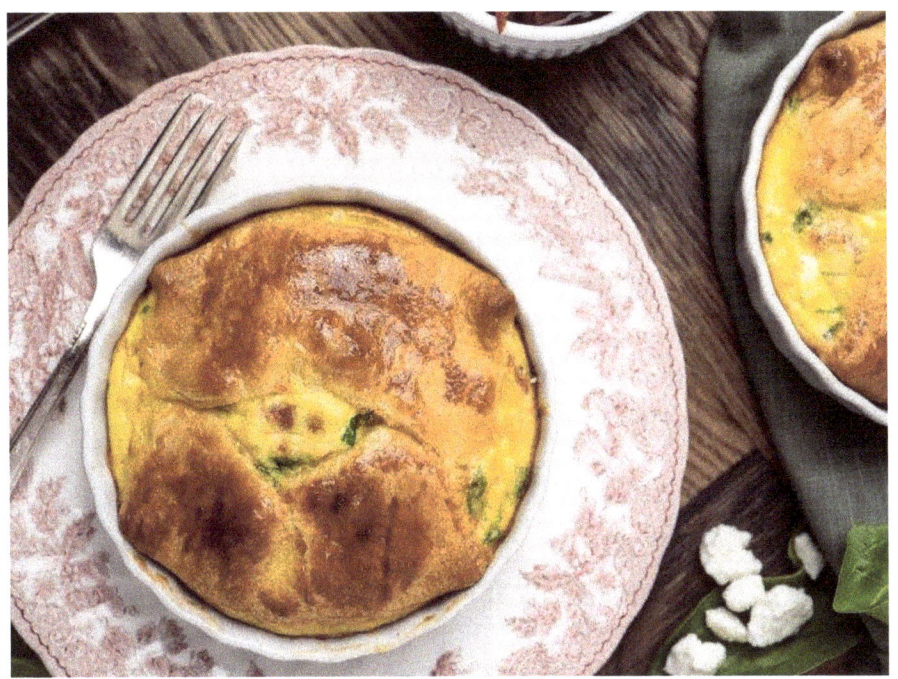

მზადდება: 1 პორცია

ინგრედიენტები:

- 3 საშუალო ზომის კვერცხი; გამოუყო
- 1 სუფრის კოვზი წყალი
- 2 ჩაის კოვზი შემწვარი ტომატის პასტა
- 25 გრამი კარაქი; (1 უნცია)
- ½ 200 გრშეფუთვა ფეტა ყველი; დავჭრათპატარა კუბებად
- 3 გახეხილი პომიდორი; უხეშადდაჭრილი
- 4 შავი ზეთისხილი; დავჭრათოთხად
- 15 გრამი ახალი რეჰანი; უხეშადდაჭრილი
- მარილი და ახლადდაფქული შავი პილპილი

ინსტრუქციები:

a) შეურიეთკვერცხის გული და წყალი. ცილი ათქვიფეთმსუბუქადდა ქაფამდე და შეურთავსეთგულებს. შეურიეთტომატის პასტა.

b) ტაფაზე გავაცხელოთ კარაქი, გაცხელებამდე. ჩაასხით კვერცხის მასა და დატოვეთადუღებამდე, სანამ ზედა კიდეზე არ გამაგრდება და შუაში არგახდება რბილი.

c) ომლეტის ერთნახევარზე მოაყარეთყველი, გახეხილი პომიდორი, ზეთისხილი, ახალი რეჰანი და სანელებლები, ხოლო მეორე ნახევარი მოაყარეთსახურავის სახით

d) გადაიტანეთთეფშზე და სასწრაფოდმიირთვით

მადის აღმძვრელები

11. მინი სუფლის ნაკბენები

იღებს: 12

ინგრედიენტები:

- 1 ¼ ჭიქა გახეხილი მკვეთრი ყველი ჩედარი
- 2 დიდი კვერცხი მსუბუქად ათქვეფილი
- 1 ¼ ჭიქა რძე
- ¾ ჩაის კოვზი Worcestershire სოუსი
- 2 სუფრის კოვზი კარაქი
- 2 სუფრის კოვზი დაჭრილი ხახვი
- მარილი და პილპილი გასინჯეთ
- ჰავაის ტკბილი პური, დაჭრილი

ინსტრუქციები:

a) პურის ნაჭრების ქერქები დაჭერით და დაჭერით ნახევარი დიუმიანი კუბებად

b) ათქვიფეთ კვერცხები დიდ თასში. დაამატეთ რძე, ყველი და Worcestershire სოუსი. აურიეთ შემდეგ მოურიეთ პური.

c) გააჩერეთ15 წუთი.

d) ⅓ ჭიქა სუფლეს ნარევი მოათავსეთ კარაქიან მაფინის ჭიქებში მაფინის ფორმაში.

e) მოათავსეთ მაფინის ფორმა ჟელე რულეტის ტაფაში, რომელიც სავსეა ½ ინჩი წყლით

f) გამოაცხვეთ375°F-ზე, სანამ არ გამაგრდება, დაახლოებით25-30 წუთი. ამოიღეთ როცა ამოიფურჩქნება და ზემოდან ოდნავ ყავისფერი გახდება.

g) დეკორაციისთვის თითოეულ სუფლეს მოაყარეთ ხახვი.

12. კარაქის გოგრა სუფლეს ნაკბენები

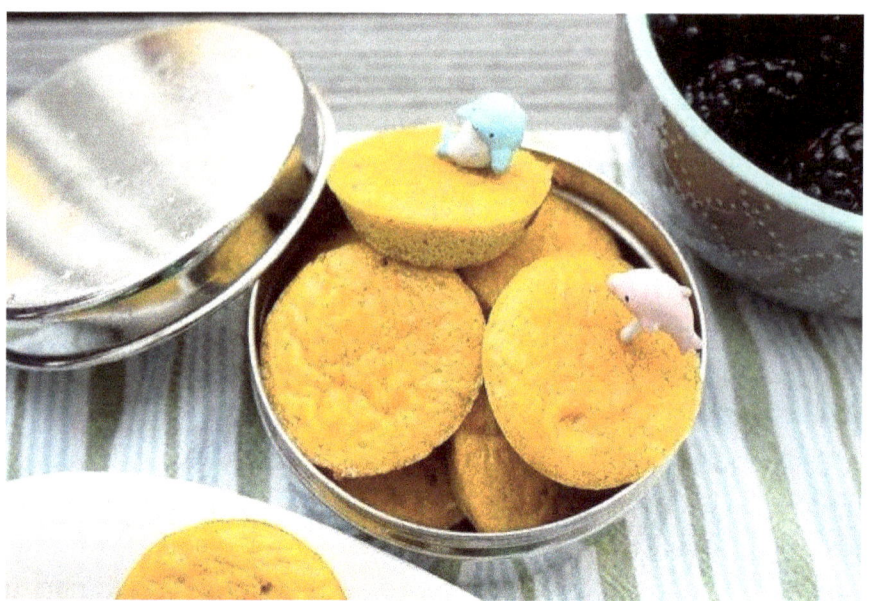

ილუზს: 6

ინგრედიენტები:
- 6 დიდი კვერცხი
- 2 ჭიქა, გახეხილი კარაქი
- ½ ჩაის კოვზი დარიჩინი
- ¼ ჭიქა ქიშმიში, თესლოვანი
- ⅛ ჩაის კოვზი მარილი
- ⅛ ჩაის კოვზი შავი პილპილი, დაფქული

ინსტრუქციები:
a) გაახურეთ ღუმელი 350 F-მდე.
b) დიდ თასში აურიეთ ყველა ინგრედიენტი.
c) მიღებული მასა გადაიტანეთ მინი-მაფინის ფორმაში.
d) გამოაცხვეთ 18-22 წუთის განმავლობაში, სანამ სუფლეს ნაკბენები არ ამოიწურება და შუაში არ დადგება.
e) ოდნავ გაცივდეს, შემდეგ მიირთვით ნარჩენები შეინახეთ მაცივარში ჰერმეტულ კონტეინერში, ოთხი დღის განმავლობაში.

13. ჩილს ყველს სუფლოს მოდნები

იღებს: 6

ინგრედიენტები:

- 8 სუფრის კოვზი ნამდვილი კარაქი
- ½ ჭიქა ფქვილი
- 1 ჩაის კოვზი გამაფხვიერებელი
- მარილი მარილი
- 10 კვერცხი
- 7 უნციას შეუძლია შეწვა შემწვარი მწვანე ჩილე, გაწურული
- 2 ჭიქა ხაჭო
- 1 ფუნტი მონტერეი ჯეკ ყველი, გახეხილი

ინსტრუქციები:

a) კარაქი დაჭერით დაკუბებად და მოათავსეთ 9×13 ტაფაში.
b) ტაფა შედგით ღუმელში და გააცხელეთ 400 გრადუსზე.
c) თასში ათქვიფეთ ფქვილი, გამაფხვიერებელი და მარილი.
d) დაუმატეთ 1-2 კვერცხი და ათქვიფეთ ნაზავი, სანამ სიმსივნეები არ დარჩება.
e) დაუმატეთ დარჩენილი კვერცხები და ათქვიფეთ ერთგვაროვანი მასის მიღებამდე.
f) შეურიეთ მწვანე ჩილი, ხაჭო და ჯეკ ყველი და აურიეთ სანამ არ გაერთიანდება.
g) გამოიღეთ ტაფა ღუმელიდან და დახარეთ ტაფა ისე, რომ კარაქი მთლიანად დაიფაროს, შემდეგ ფრთხილად დაასხით კარაქი კვერცხის ნარევში და აურიეთ რომ გაერთიანდეს.
h) დაასხით ნარევი ისევ თბილ ტაფაში.
i) როდესაც ღუმელი წინასწარ გახურდება, ტაფა შედგით ღუმელში და ადუღეთ 15 წუთის განმავლობაში.
j) შეამცირეთ სითბო 350-მდე და მოხარშეთ კიდევ 35-40 წუთი, ან სანამ ზემოდან არ გახდება ოქროსფერი და ოდნავ ყავისფერი.
k) გააცივეთ 10 წუთის განმავლობაში, სანამ კვადრატებად დაჭერით და მიირთვით

14. დამარილებული კარამელის პოპკორნის სუფლეები

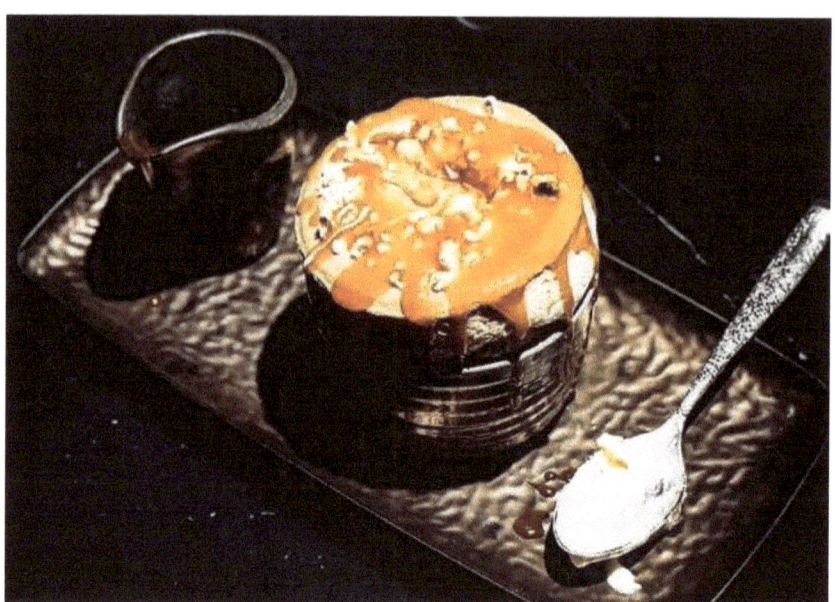

ილუზს: 4

ინგრედიენტები:

- 125 მლ მთელი რძე
- 125 მლ ორმაგი კრემი
- 105გრ შაქრის შაქარი
- 25 გრ ბრინჯი პუდინგი
- 1 ვანილის ტოტი, გაყოფილი
- 75 გრ უმარილო კარაქი, დარბილებული
- 6 კვერცხის ცილა
- 20 გრ პოპკორნი

დამარილებული კარამელის სოუსი

- 100 გრ შაქარი, პლუს 75 გ რამეკინისთვის
- 45 გრ დამარილებული კარაქი, დაჭრილი ნაჭრებად
- 60 მლ ორმაგი კრემი
- ½ ჩაის კოვზი ზღვის მარილი

ინსტრუქციები:

a) გააცხელეთ ღუმელი 140C-ზე და შედგით მაცივარში ოთხი 9,5 სმ x 5 სმ სუფლე ფორმა ან რამეკინი გასაციებლად

b) შეურიეთ რძე, ნაღები, 15 გრ შაქარი, ბრინჯი, ვანილის წიპწა და ცოტა მარილი ღუმელგამძლე ტაფაში.

c) დააფარეთ და გამოაცხვეთ 2 საათის განმავლობაში ან სანამ ბრინჯი დარბილდება, ურიეთ ყოველ 30 წუთში.

d) ამოიღეთ ვანილის ნაჭერი, შემდეგ გადაიტანეთ ნარევი ბლენდერში და აურიეთ გლუვ პიურემდე, რათა ბრინჯის მარცვლები არ დარჩეს. დააფარეთ და დატოვეთ გასაციებლად

e) ამასობაში კარამელის სოუსისთვის ჩაასხით 100 გრ შაქარი მძიმე დაფუძნებული ტაფის ძირში.

f) დადგით საშუალო ცეცხლზე, კარგად დააკვირდით შაქარს, როცა ის დნობას იწყებს.

g) დროდადრო შეანჯღრიეთ ტაფა, რათა განაწილდეს არ დნობის შაქარი და, როგორც კი ის დნება, გამოიყენეთ სილიკონის სპატულა, რომ მოათავსოთ იგი, ნაზად გაანადგურეთ ნებისმიერი სიმსივნე.

h) როდესაც ეს არის გლუვი, ღრმად ქარვისფერი სითხე - ფრთხილად იყავით რომ არ დაიწვას - სწრაფად აურიეთ კარაქი.

i) ნელ-ნელა ჩაასხით კრემი, ურიეთ მანამ, სანამ არ გახდება მბზინავი, პრიალა კარამელის სოუსი. შეურიეთ ზღვის მარილი. დააყენეთ განზე.

j) როდესაც რამეკინები მთლიანად გაცივდება, გამოიღეთ ისინი მაცივრიდან და გულუხვად წაუსვით შიგთავსი კარაქით დარწმუნდით რომ ლაქები არ არის გამოტოვებული და გადაუსვით რგოლამდე.

k) ჩაყარეთ 75 გრ შაქარი ერთ რამეკინში, ატრიალეთ ისე, რომ შიგთავსი კარგად შეიფუთოს შაქარში, შემდეგ ჩაყარეთ ჭარბი მეორეში და გაიმეორეთ სანამ ყველა არ დაიფარება. დააყენეთ განზე.

l) კვერცხის ცილა ჩაყარეთ დიდ თასში და ათქვიფეთ ელექტრო სათქვეფით მაღალ სიჩქარით 1 წუთის განმავლობაში.

m) თანდათან დაამატეთ დარჩენილი შაქრის მეოთხედი, აურიეთ კიდევ ერთი წუთი, შემდეგ კიდევ ერთი მეოთხედი.

n) გაიმეორეთ მანამ, სანამ მთელი შაქარი არ არის შერწყმული.

o) მას შემდეგ, რაც მთელი შაქარი დაემატება, გააგრძელეთ ათქვეფა კიდევ 30 წამი, სანამ არ ჩამოყალიბდება ხისტი, მბზინავი მწვერვალები.

p) ამასობაში ბრინჯის პუდინგის პიურე და 15 გრ დამარილებული კარამელის სოუსი მოათავსეთ დიდ ცეცხლგამძლე თასში, დადგით ადუღებულ წყალში.

q) ნაზად გაათბეთ ნარევი და აურიეთ შემდეგ გადმოდგით ცეცხლიდან.

r) ათქვეფილი კვერცხის ცილის მესამედი მოაყარეთ ბრინჯის პუდინგის ნარევში, რომ გააფხვიეროს, შემდეგ მოაყარეთ დარჩენილი ნაწილი, სანამ კარგად არ გაერთიანდება.

s) გააცხელეთ ღუმელი 200C-მდე.

t) მომზადებულ რამეკინებში ჩაასხით სუფლეს ნარევი კოვზით ოდნავ გადაავსეთ ისინი.

u) პალეტის დანის გამოყენებით ზემოდან გაასწორეთ

v) დაჭერილი ცერა თითი და საჩვენებელი თითი გაატარეთ თითოეული რამეკინის შიდა რგოლზე, რათა დარწმუნდეთ რომ სუფლეები პირდაპირ მაღლა აიწევს.

w) ზემოდან მოაყარეთ პოპკორნი, შემდეგ მოათავსეთ საცხობ ფურცელზე და გამოაცხვეთ ღუმელის შუა თაროზე.

15. სუფლე კვერცხის თეთრი ბურთულები წითელი ლობიოს პასტით

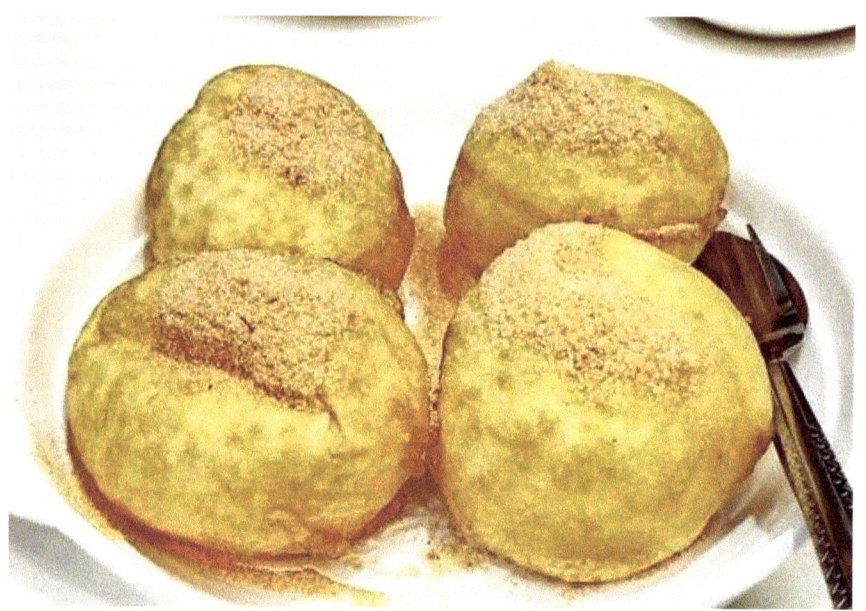

იღებს: 4

ინგრედიენტები:

- 5 უნცია წითელი ლობიოს პასტა
- 5 კვერცხის ცილა
- 2 უნცია ყველა დანიშნულების ფქვილი
- 2 უნცია სიმინდის სახამებელი

ინსტრუქციები:

a) წითელი ლობიოს პასტა გააკეთეთ პატარა ბურთულებად

b) კვერცხის ცილა ათქვიფეთ ელექტრონული ხელის სათქვეფით ქაფამდე.

c) კვერცხის ცილას დაუმატეთ ფქვილი და სიმინდის სახამებელი და კარგად აურიეთ

d) გამოიყენეთ ნაყინის სკუპი სუფლეს ბურთულების დასაფორმებლად

e) გააცხელეთ ღრმა შემწვარი 375°F-მდე და ღრმად შეწვით სუფლეს ბურთულები, სანამ ღია ყავისფერი გახდება.

f) გაწურეთ და სუფლეს ბურთულებს მოაყარეთ შაქრის პუდრა.

g) მიირთვით თბილი.

ძირითადი კურსი

16. სიმინდის სუფლე

მზადება: 8-10 პორცია

ინგრედიენტები:

- 1 საშუალო ხახვი
- 5 ფუნტი გაყინული ტკბილი სიმინდი
- 6 ჭიქა მონტერეი ჯეკი, გახეხილი
- 3 კვერცხი
- 1 ჩაის კოვზი მარილი

ინსტრუქციები:

a) ტაფაში მოშუშეთ ხახვი ზეითუნის ზეთში. დააყენეთ განზე.

b) კვების პროცესორში გახეხეთ სიმინდი.

c) შეურიეთ და შეურიეთ სხვა ინგრედიენტები, მათ შორის მოშუშული ხახვი.

d) მოათავსეთ 8x14 ზომის საცხობ ფორმაში, რომელსაც კარაქით წაუსვით

e) გამოაცხვეთ375°F-ზე დახლოებით25 წუთის განმავლობაში, ან სანამ ზედა არ გახდება ოქროსფერი.

17. მადლიერების სტაფილოს სუფლე

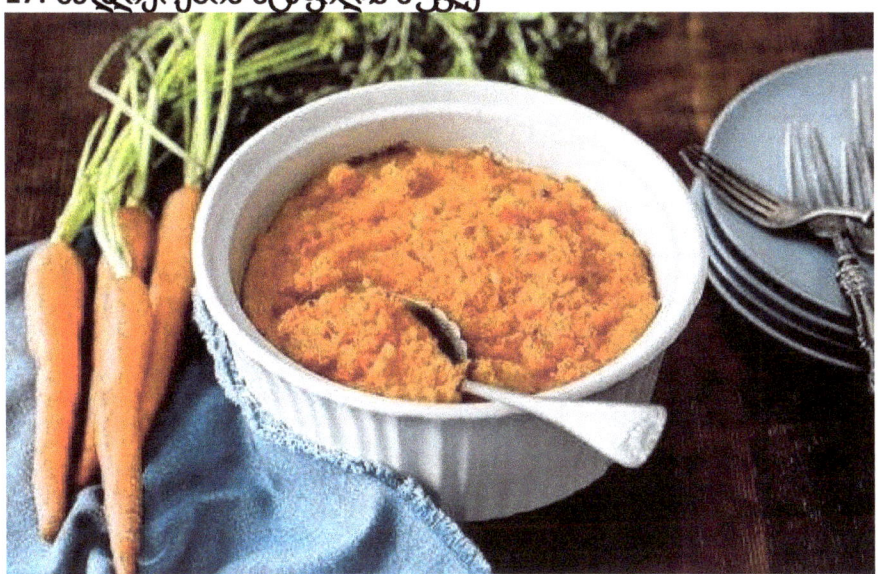

მზადდება: 8 პორცია

ინგრედიენტები:
- 2 ფუნტი ახალი სტაფილო, გახეხილი და მოხარშული
- 6 კვერცხი
- ⅔ ჭიქა შაქარი
- 6 სუფრის კოვზი მატცის კვება
- 2 ჩაის კოვზი ვანილი
- 2 ცალი კარაქი ან მარგარინი, გამდნარი
- ტირე მუსკატის კაკალი
- 6 სუფრის კოვზი ყავისფერი შაქარი
- 4 სუფრის კოვზი კარაქი ან მარგარინი, გამდნარი
- 1 ჭიქა დაჭრილი ნიგოზი

ინსტრუქციები:

a) გახეხეთ სტაფილო და კვერცხი კვების პროცესორში.

b) დაამუშავეთ შემდეგი ხუთი ინგრედიენტი, სანამ არ გახდება გლუვი.

c) გამოაცხვეთ 40 წუთის განმავლობაში ცხიმწასმულ 9x13 საცხობ ფორმაში 350°F-ზე.

d) მოაყარეთ ზემოდან და გამოაცხვეთ კიდევ 5-10 წუთის განმავლობაში.

18. Acorn squash სუფლე

მზადდება: 4 პორცია

ინგრედიენტები:

- 1 კვერცხის ცილა
- 2 ცალი მუწუკი
- 4 ჩაის კოვზი ყავისფერი შაქარი
- ახალი ჯავზის კაკლის გახეხვა
- ⅛ ჩაის კოვზი მარილი
- 4 სუფრის კოვზი კარაქი
- ¼ ჩაის კოვზი დაფქული დარიჩინი
- 1 კვერცხი, გამოყოფილი
- ახალი დაფქული შავი პილპილი

ინსტრუქციები:

a) გააცხელეთ ღუმელი 400 F. გარეცხეთ გოგრა. გოგრა გაჭერით შუაზე და ამოიღეთ თესლი. გოგრის ნახევრები კანის გვერდით ზევით მოათავსეთ ½ ინჩი წყალში საცხობ ფორმაში და გამოაცხვეთ 30 წუთის განმავლობაში.

b) ამოიღეთ ღუმელიდან. მაშების გამოყენებით გადააბრუნეთ გოგრის ნახევრები. თითოეულ ნახევარში ჩაასხით 1 სუფრის კოვზი კარაქი. კვლავ გამოაცხვეთ 30 წუთის განმავლობაში ან სანამ ხორცი რბილია. გააცივეთ 30 წუთის განმავლობაში.

c) საცხობი ტაფიდან ფრთხილად მოიღეთ გოგრა და ჩაასხით კარაქი თასში.

d) კანის და ზოანების გარეშე, ფრთხილად ამოიღეთ ხორცი გოგრის თითოეული ნახევრიდან და ჩადეთ იმავე თასში.

e) ბლენდერში ან კვების პროცესორში გახეხეთ გოგრა და ფქული კარაქით შაქრით სანელებლებით და კვერცხის გულით

f) ჩაასხით შემრევ თასში.

g) კვერცხის ცილა ათქვიფეთ მარილთან ერთად სანამ არ გახდება მყარი მწვერვალები.

h) ჩაყარეთ პიურეში. იმუშავეთ სწრაფად მაგრამ ფრთხილად შეინარჩუნეთ კვერცხის ცილის მოცულობა.

i) სუფლეს ნაზავი დაასხით გოგრის ნაჭრებად და გამოაცხვეთ 25 წთ ან სანამ ზემოები არ გახდება ყავისფერი და დაიწყებს ბზარს.

j) მიირთვით დაუყოვნებლივ.

19. ბროკოლის სუფლე

მზადდება: 8 პორცია

ინგრედიენტები:

- გაყინული ბროკოლის ორი 10 უნცია შეფუთვა
- 3 კვერცხი
- მარილი და პილპილი გემოვნებით
- 1 სუფრის კოვზი ხახვის წვნიანი ნაზავი
- ½ ჭიქა მაიონეზი
- ტაფს წაუსვითცხიმი
- 2 სუფრის კოვზი მაცას კვება, გაყოფილი

ინსტრუქციები:

a) მოხარშეთ ბროკოლი შეფუთვის ინსტრუქციის მიხედვით საფუძვლიანადგადაწურეთ

b) დაყენეთგანზე. თასში კარგა დათქვიფეთკვერცხები მარილით პილპილით და ხახვის წვნიანი მიქსით მაიონეზი ავურიოთ და გავაგრძელოთთქვეფა, სანამ კარგა დარგაფუვდება.

c) შეურიეთმოხარშული ბროკოლი.

d) 7x11½" საცხობ ფორმას წაუსვითცხიმი.

e) მსუბუქადმოაყარეთ1 სუფრის კოვზი მაცას კვება.

f) ტაფაში ჩაასხით ბროკოლი და ზემოდან მოაყარეთ დარჩენილი მჭადის კერძი.

g) გამოაცხვეთ350 ტემპერატურაზე 40-50 წუთის განმავლობაში, ან სანამ ზემოდან ოქროსფერი არგახდება.

20. შებოლილი ორაგულის სუფლე ტორტი

მზადდება: 6 ნაჭერი

ინგრედიენტები:

- ½ 375 გრამიანი შეფუთვაში მოკლე ქერქიანი ცომი
- 50 გრამი ფქვილი, პლუს დამატებით მტვერისთვის
- 50 გრ კარაქი
- 300 მლ რძე
- 3 დიდი კვერცხი, გამოყოფილი
- ცედრა ½ ლიმონი
- 1 სუფრის კოვზი დაჭრილი კამა, პლუს ცოტა მეტი
- 100 გრამი შებოლილი ორაგულის ნაჭრები
- 150გრ შეფუთვა დამსხვრეული თხის ყველი, კუბებად დაჭრილი

ინსტრუქციები:

a) გააცხელეთ ღუმელი 200C-მდე.

b) გააბრტყელეთ ცომი ფქვილის მტვრიან ზედაპირზე და გამოიყენეთ იგი 22 სმ ტორტის ფორმაზე, ზედმეტ ნამცხვარს კიდეზე დაჰკიდებთ

c) მოაყარეთ საცხობი პერგამენტი და ლობიოდა გამოაცხვეთ ბრმად 15 წუთის განმავლობაში.

d) ამოიღეთ ქაღალდი და გამოაცხვეთ კიდევ 10 წუთი.

e) ტაფაში მოვაყაროთ კარაქი, ფქვილი და რძე. გააცხელეთ მუდმივად ურიეთ სანამ არ გახდება ძალიან სქელი, გლუვი სოუსი. შეურიეთ კვერცხის გული, ლიმონის ცედრა, კამა და სუნელი.

f) კვერცხის ცილა სუფთა თასში ათქვიფეთ ელექტრო ხელის სათქვეფით სანამ ფორმას არ შეინარჩუნებს, შემდეგ ფრთხილად მოაყარეთ სოუსში.

g) ორაგულის ნაჭრები და ჭერით მსხვილ ნაჭრებად და დალაგეთ ნახევარი ტორტის ძირზე ნახევარი თხის ყველით

h) კოვზით მოაყარეთ სუფლეს სოუსი, შემდეგ მოაყარეთ ზემოდან დარჩენილი ორაგული და ყველი, დამატებით კამა და შავი პილპილი.

i) გამოაცხვეთ25-30 წუთის განმავლობაში, სანამ არ გაფუვდება და არ გახდება ოქროსფერი. ცომის კიდეები მოვჭრათ

j) გადაიტანეთ ისევ თეფშით ან თეფშზე, შეფუთულფულგაში.

21. ლუდის ჩედარის და ქოის სუფლე

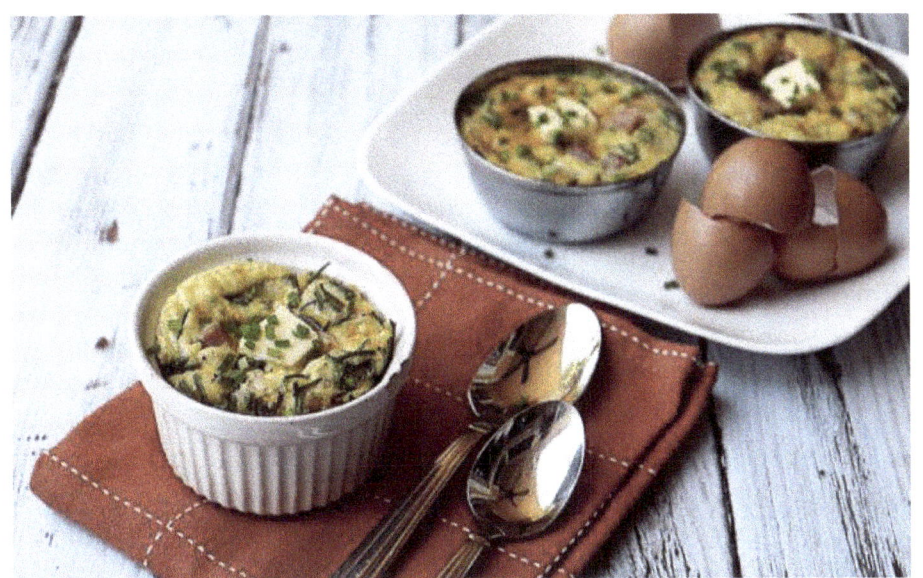

მზადება: 5 პორცია

ინგრედიენტები:

- 3 სუფრის კოვზი ზეითუნის ზეთი
- ½ საშუალო ხახვი, კუბებად დაჭრილი
- 1 ½ ჩაის კოვზი ნიორი, დაჭრილი
- 6 უნცია ლორის სტეიკი, მოხარშული და კუბიკებად დაჭრილი
- 1 სუფრის კოვზი კარაქი, რამეკინის ცხიმიანად
- 6 დიდი კვერცხი
- 1 ჭიქა ჩედარის ყველი, გახეხილი
- ½ ჭიქა მძიმე კრემი
- 2-3 სუფრის კოვზი ახალი ხახვი, დაჭრილი
- ½ ჩაის კოვზი კოშერის მარილი
- ¼ ჩაის კოვზი შავი პილპილი

ინსტრუქციები:

a) გააცხელეთ თქვენი ღუმელი 400F-მდე.
b) მოამზადეთ თქვენი ყველა ინგრედიენტი. დაჭერით 6 უნცია მოხარშული ლორის სტეიკი, დაჭერით½ საშუალო ხახვი, დაჭერით1 ½ ჩაის კოვზი ნიორი, დაჭერით1 ჭიქა ჩედარი ყველი და დაჭერით 2-3 სუფრის კოვზი ახალი ხახვი.
c) ტაფაში გავაცხელოთ ზეითუნის ზეთი. როგორც კი გაცხელდება, დაუმატეთ ხახვი და მოშუშეთ სანამ რბილია.
d) მას შემდეგ, რაც დარბილდება, დაამატეთ ნიორი და გააგრძელეთ შეწვა, სანამ ნიორი ოდნავ არ გახდება.
e) თასში დაამატეთ 6 კვერცხი, ½ ჭიქა მძიმე ნაღები, დაჭრილი ხახვი, ½ ჩაის კოვზი მარილი და ¼ ჩაის კოვზი პილპილი.
f) დაამატეთ ყველა სხვა ინგრედიენტი, მათ შორის ხახვი და ნიორი ტაფიდან.
g) □ურიეთ კარგად
h) გამოაცხვეთ ღუმელში 20 წუთის განმავლობაში ან სანამ არ გაფუვდება და ზემოდან მსუბუქად დაიბრაწება.
i) ოდნავ გააგრილეთ და მიირთვით!

22. ხოხბის სუფლე

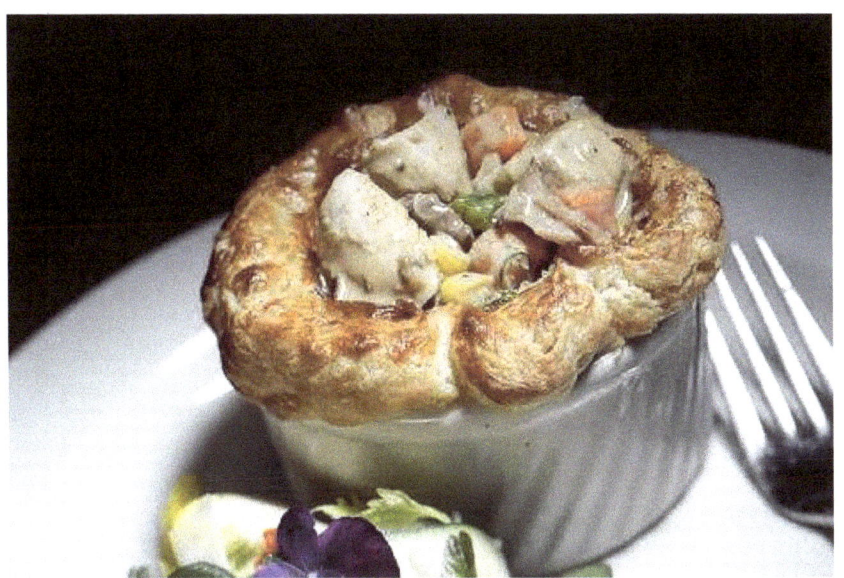

მზადდება: 4 პორცია

ინგრედიენტები:

- 1 ჭიქა კუბიკებად დაჭრილი მოხარშული ხოხობი
- 2 კვერცხი, გამოყოფილი
- 1 ჭიქა მოხარშული თეთრი ბრინჯი
- ! გ. ახალი პურის ნამსხვრევები
- ! გ. კუბებად დაჭრილი ნიახური
- 1 ჭიქა რძე
- 1 ჩაის კოვზი მარილი
- 1 ჩაის კოვზი შავი პილპილი
- 1 ჩაის კოვზი თამი

ინსტრუქციები:

a) ათქვიფეთ კვერცხის გული და დაამატეთ ყველა ინგრედიენტი, კვერცხის ცილების გარდა. კვერცხის ცილა ათქვიფეთ გამაგრებამდე და მოასხით მასაში.

b) ჩაასხით ძლიერ ცხიმწასმულ ბრტყელ საცხობ ფორმაში ან 8 x 8 დიუმიან კვადრატულ ჭურჭელში.

c) გამოაცხვეთ 350°F-ზე დაახლოებით 30 წუთის განმავლობაში, ან სანამ ცენტრში ჩასმული დანა სუფთა არ გამოვა.

d) დავჭრათ კვადრატებად და მივირთვათ სოკოს სოუსით

23. ნიახური და ყველის სუფლე

აკეთებს: 2

ინგრედიენტები:
- 1¾ ჭიქა ნიახური, გახეხილი და კუბებად დაჭრილი
- 2 თავისუფალი ჯიშის კვერცხი
- ½ ჭიქა ნახევრად-უცხიმო 2% ცხიმიანი რძე
- 1 სუფრის კოვზი სიმინდის ფქვილი
- 4 სუფრის კოვზი ნახევრად ცხიმიანი მომწიფებული ყველი, გახეხილი
- 2 სუფრის კოვზი წვრილად გახეხილი პარმეზანი
- ¼ ჩაის კოვზი ახლად გახეხილი მუსკატის კაკალი
- ¼ ჩაის კოვზი ზღვის მარილი, გაყოფილი
- ¼ ჩაის კოვზი ახლად დაფქული შავი პილპილი
- 2 სპრეი ზეითუნის ზეთის სპრეი

ინსტრუქციები:

a) გააცხელეთ ღუმელი 170C-ზე Fan, 375F, Gas Mark 5. 2 ღუმელგამძლე რამეკინის შიგნიდან ცხიმი წაუსვით და მოათავსეთ შემწვარ ჭურჭელში.

b) ნიახური გავთალოთ და დავჭრათ კუბებად დაამატეთ ეს და ⅛ ჩაის კოვზი მარილი მდუღარე წყალში და მოხარშეთ 4-5 წუთის განმავლობაში, სანამ არ დარბილდება.

c) ნიახური და პიურე გადაწურეთ მინი-პროცესორში, სანამ გლუვდება, შემდეგ გადაიტანეთ თასში.

d) თუ მინი კვების პროცესორი არ გაქვთ უბრალოდ ურიეთ ნიახური თასში ჩანგლით სანამ გლუვი არ გახდება.

e) სელეროკას მოვაყაროთ მარილი, პილპილი და ახლად გახეხილი მუსკატის კაკალი. ყველი გახეხეთ და აურიეთ

f) გააცალევეთ კვერცხები, ცილა მოათავსეთ სუფთა თასში და გულები ჩაყარეთ თასში სელერაკთან ერთად

g) კვერცხის გულები ავთქვიფოთ ნიახურის პიურეში და გადავდოთ

h) სიმინდის ფქვილი გაათქვეთ რძესთან ერთად და მიღებული მასა ჩაასხით ქვაბში.

i) გააცხელეთსაშუალოცეცხლზე, მუდმივადურიეთ სანამ სოუსი არ შესქელდება, შემდეგ მოხარშეთკიდევ ერთი წუთი.

j) სოუსს დაუმატეთ5 სუფრის კოვზი გახეხილი ყველის მიქსი და ათქვიფეთსანამ არგადნება. არინერვიულოთ რომ თქვენი სოუსი გაცილებითსქელია, ვიდრე მოსასხმელი სოუსი იქნება, ეს სქელი სოუსი სწორი კონსისტენციისაა სუფლეს მოსამზადებლად

k) მოაყარეთყველის სოუსი ნიახურის ნარევში.

l) ქვაბი დადგითადუღებაზე.

m) სუფთა ათქვიფეთ ათქვიფეთ კვერცხის ცილა, სანამ არ ჩამოყალიბდება ხისტი მწვერვალებით მაგრამ არავთქვიფოთ

n) კვერცხის ცილა უნდა იყოს მყარი და მწვერვალები ინარჩუნებენ ფორმას თხევადი თეთრის გარეშე.

o) გამოიყენეთსპატულა ან ლითონის კოვზი და 1 სუფრის კოვზი მოაყარეთნიახურის ნარევში, რომ გალავდეს.

p) შემდეგ დაუმატეთნახევარი კვერცხის ცილა ნიახურის მიქსს.

q) მსუბუქი შეხებით სწრაფადმოაყარეთიგი, გაჭერითნაზავი და გადაბრუნეთ სანამ ყველაფერი კარგად არ არის შერწყმული, მაგრამ მაინც მსუბუქი და ჰაეროვანი.

r) გაიმეორეთდარჩენილი ათქვეფილი კვერცხის ცილით მიღებული მასა თანაბრად დასხით მზა რამეკინებს შორის და მოაყარეთ დარჩენილი გახეხილი ყველი.

s) მოაყარეთ რამეკინები შემწვარ ჭურჭელში და ფრთხილად დასხით დაახლოებით 2,5 სმ/1” მდუღარე წყალი შემწვარი ჭურჭელში, იზრუნეთ რომ რამეკინები არშეასხუროთ

t) შედგითღუმელში და აცხვეთ20-25 წუთის განმავლობაში, სანამ სუფლე კარგადარამოვა და არგახდება ოქროსფერი.

u) მიირთვითპირდაპირ რამეკინიდან და მიირთვითსასწრაფოდ

24. ისპანახი სუფლე

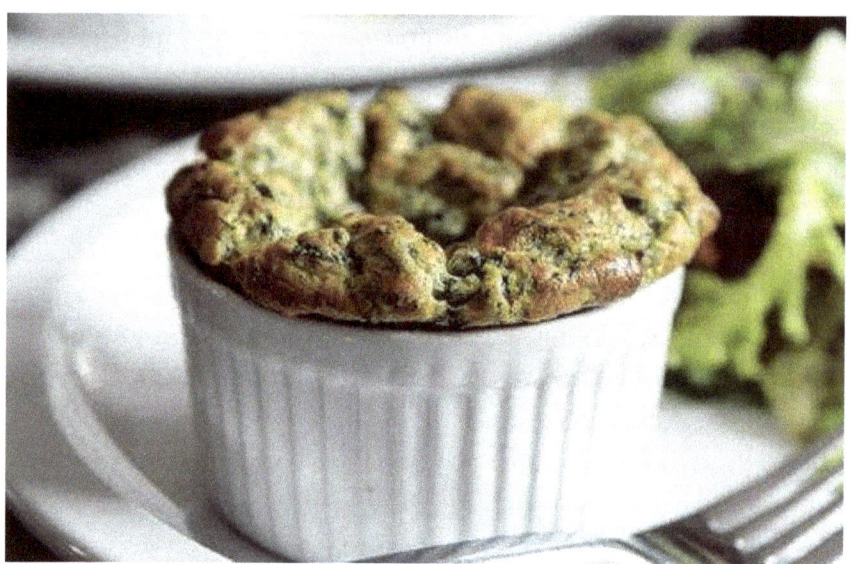

მზადდება: 4 პორცია

ინგრედიენტები:

- 4 სუფრის კოვზი ზეითუნის ზეთი
- 1 საშუალო ყვითელი ხახვი, დაჭრილი
- 4 ჭიქა ახალი ბავშვის ისპანახი
- მარილი და ახლადდაფქული შავი პილპილი
- 1 ფუნტი მყარი ტოფუ გამოწურული
- 1 ჭიქა უნივერსალური ფქვილი
- 1 ჩაის კოვზი გამაფხვიერებელი
- 1 ჭიქა ბოსტნეულის ბულიონი
- 2 სუფრის კოვზი სოიოს სოუსი

ინსტრუქციები:

a) გააცხელეთ ღუმელი 350°F-ზე. 3 ლიტრიანი ტაფა ან მრგვალი საცხობი ფორმა მსუბუქად შეზეთეთ და დააყენეთ დიდ ტაფაში საშუალოცეცხლზე გააცხელეთ1 სუფრის კოვზი ზეთი.

b) დაუმატეთ ხახვი, დააფარეთ და მოშუშეთ სანამ რბილია, დაახლოებით10 წუთი. შეურიეთისპანახი და მოაყარეთმარილი და პილპილი გემოვნებით

c) დააფარეთ და ადუღეთ სანამ ისპანახი არ გაფუჭდება, დაახლოებით3 წუთი. დააყენეთგანზე.

d) კვების პროცესორში აურიეთტოფუ და ხახვისა და ისპანახის ნაზავი და გადაამუშავეთსანამ არგახდება ბლენდერი.

e) დაუმატეთფქვილი, გამაფხვიერებელი, ბულიონი, სოიოს სოუსი და დარჩენილი 3 სუფრის კოვზი ზეთი და დაამუშავეთსანამ გლუვი არგახდება.

f) მიღებული მასა ჩაასხითმომზადებულთასში და გამოაცხვეთ გამკვრივებამდე, დაახლოებით60 წუთის განმავლობაში.

g) მიირთვითდაუყოვნებლივ ფორთოხლის სეგმენტებით

25. ჭარხლის მწვანე სუფლე

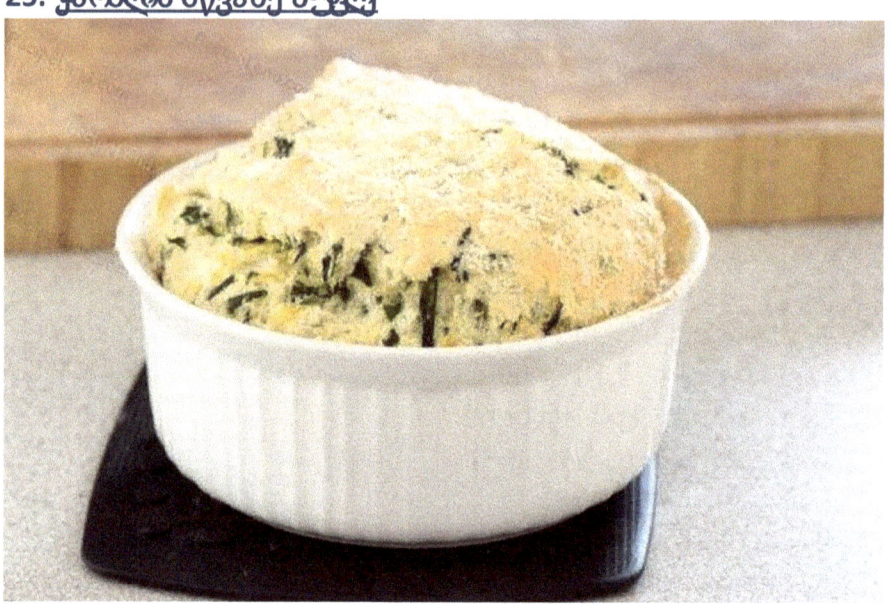

მზადდება: 1 სუფლე

ინგრედიენტები:

- 3 სუფრის კოვზი ყველი პარმეზანი; გახეხილი
- 2 საშუალო ჭარხალი; მოხარშული და გახეხილი
- 2 სუფრის კოვზი კარაქი
- 2 სუფრის კოვზი ფქვილი
- ¾ ჭიქა ქათმის ბულიონი; ცხელი
- 1 ჭიქა ჭარხლის მწვანილი; შეწვა
- ½ ჭიქა ჩედარის ყველი; გახეხილი
- 3 კვერცხის გული
- 4 კვერცხის ცილა

ინსტრუქციები:

a) კარაქი 1 ც. სუფლეს კერძი; მოაყარეთ ყველი პარმეზანი. მოხარშული ჭარხალი დავჭრათ ნაჭრებად და მოვაყაროთ სუფლეს კერძის ძირი.

b) პატარა ქვაბში გაადნეთ კარაქი, აურიეთ ფქვილი, დაუმატეთ ცხელი ბულიონი და გააგრძელეთ ხარშვა ოდნავ შესქელებამდე, შემდეგ გადაიტანეთ უფრო დიდ თასში. ჭარხლის მწვანილი წვრილად დაჭერით და სოუსს ჩედარის ყველთან ერთად დაუმატეთ

c) ცალკე თასში ათქვიფეთ კვერცხის გული; შეურიეთ ისინი ჭარხლის მწვანე ნარევს. კვერცხის ცილა ათქვიფეთ მწვერვალამდე. მოაყარეთ თასში სხვა ინგრედიენტებით კარგად აურიეთ გადაიტანეთ ყველიფერი კარაქიან სუფლეს ჭურჭელში. მოაყარეთ ყველი პარმეზანი.

d) გამოაცხვეთ350 F.-ზე 30 წუთის განმავლობაში, ან სანამ სუფლე არგახდება გაფუებული და ოქროსფერი.

26. მონტერეი ჯეკ სუფლე

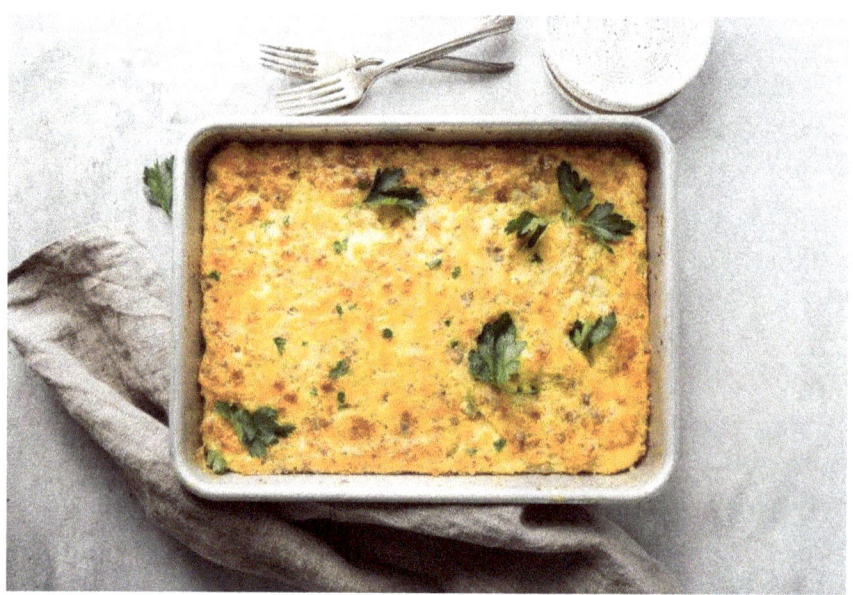

ილებს: 12

ინგრედიენტები:

- 1 ფუნტი სოსისი, მოხარშული
- 2 ჭიქა მონტერი ჯეკ ყველი გახეხილი
- 3 ჭიქა ჩედარის ყველი მკვეთრი, გახეხილი
- 1 ჭიქა მოცარელა გახეხილი ყველი
- ½ ჭიქა რძე
- 1 ½ ჭიქა ფქვილი
- 1 ½ ჭიქა ხაჭო
- 9 კვერცხი მსუბუქად ათქვეფილი
- ⅓ ჭიქა კარაქი გამდნარი
- 1 Can Green Chiles პატარა, კუბებად დაჭრილი

ინსტრუქციები:

a) 9x13 ტაფაში წაუსვით½ გამდნარი კარაქი.

b) დიდ თასში შეურიეთ დარჩენილი ინგრედიენტები და კარგად აურიეთ

c) ჩაასხით9x13 ტაფაში.

d) გამოაცხვეთ375 ტემპერატურაზე 50 წუთის განმავლობაში ან სანამ ოქროსფერი არგახდება და ჩასმული დანა სუფთა არგამოვა.

27. ჭარხლის სუფლე ცხენით

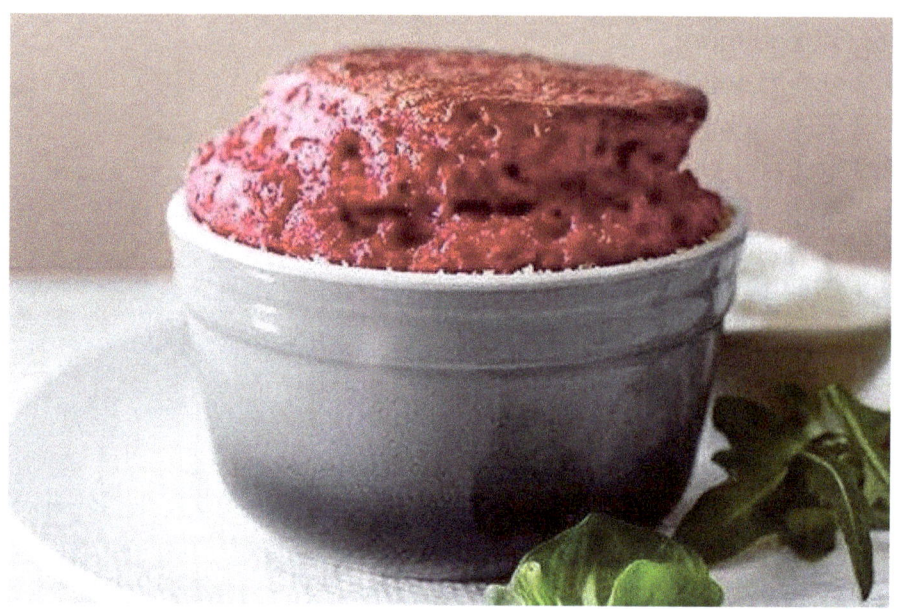

ილებს: 6

ინგრედიენტები:

სუფლე

- 300 გრ ჭარხალი, ამოღებული ყუნწი
- 1 ჩაის კოვზი ზეთი
- 30 გრ კარაქი, პლიუს 15 გრ ცხიმი
- 1-2 სუფრის კოვზი მშრალი თეთრი პურის მარცვლები
- 30 გრ უბრალო ფქვილი
- 300 მლ რძე
- 4 კვერცხი, გამოყოფილი

ცხენი და კრემ ფრაიჩე

- 100 გრამი უცხიმო კრემი
- 1½ სუფრის კოვზი კრემისებრი ხახვი
- 1 ლიმონი, გამოწურული

ინსტრუქციები:

a) გააცხელეთ ღუმელი 200°C-ზე/გაზის ნიშნული 6. ჭარხალი ცალ ცალკე შეფუთეთ ფოლგაში, მოაყარეთ ზეთი და გამოაცხვეთ 1 საათის განმავლობაში ან სანამ შამფური ჩადით

b) ამასობაში აურიეთ რძისა და ლიმონის კრემ-ფრიშის ინგრედიენტები და შეაზავეთ გემოვნებით შედგით მაცივარში, რათა გემოები განვითარდეს.

c) გაადნეთ 15 გრ კარაქი და წაუსვით ფუნჯით 6 ცალკეული რამეკინის შიგნით თითოეულში ჩაყარეთ პურის ნამსხვრევები და დახარეთ ისე, რომ ქვედა და გვერდები დაფარული იყოს.

d) როგორც კი ჭარხალი შეიბრაწება, დატოვეთ 10 წუთის განმავლობაში გაცივებამდე, შემდეგ ამოიღეთ კანი. ჭარხალი მოათავსეთ ბლენდერში და აურიეთ ერთგვაროვანი მასის მიღებამდე.

e) ჩართეთ ღუმელი 220°C-მდე/გაზის ნიშანი 8 და მოათავსეთ საცხობი ფურცელი ღუმელის ქვედა მესამედზე.

f) პატარა ქვაბში გაადნეთ 30გრ კარაქი, შემდეგ დაუმატეთ ფქვილი და ადუღეთ 1 წუთი. გადმოდგით ცეცხლიდან და დაუმატეთ ცოტა ოდენი რძე, შემდეგ აურიეთ გააგრძელეთ რძის დამატება

ძალიან ნელა, რათა სიმსივნეები არ წარმოიქმნას, შემდეგ კვლავ დადგით ცეცხლზე, მიიყვანეთ ადუღებამდე და ადუღეთ 2 წუთის განმავლობაში. ჩაასხით ეს ლუდი თასში და დატოვეთ ოდნავ გაციებამდე, სანამ დაუმატებთ დაფქულ ჭარხალს და კვერცხის გულებს. სეზონი გემოვნებით

g) კვერცხის ცილა ათქვიფეთ საშუალო/მყარ მწვერვალამდე. ჭარხლის ნარევში აურიეთ კვერცხის ცილის მესამედი ლითონის კოვზით რომ გაფხვიერდეს, შემდეგ დაამატეთ დარჩენილი ცილა. გადაკეცეთ ისინი ძალიან ფრთხილად რომ რაც შეიძლება მეტი მოცულობა შეინარჩუნოთ

h) ეს ნარევი ფრთხილად გადაიტანეთ მომზადებულ მეკინებში და მოათავსეთ წინასწარ გახურებულ საცხობ ლანგარზე. მოხარშეთ35-40 წუთის განმავლობაში, შემდეგ მიირთვით ხახვით და ლიმონის კრემით

28. სიმინდის სუფლე

მზადდება: 6 პორცია

ინგრედიენტები:
1 ჭიქა ყვითელი სიმინდის ფქვილი
3 ჩაის კოვზი გამაფხვიერებელი
½ ჩაის კოვზი მარილი
½ ლიტრი არაჟანი
1 ქილა (15-16 უნცია) კრემის სტილის სიმინდი
¾ ჭიქა ვესონის ზეთი (შეიძლება გამოიყენოთ ნაკლები)
2 კვერცხი, ათქვეფილი ჩანგლით
1 პატარა Can Ortega მწვანე წიწაკა, კუბებად დაჭრილი ბევრი გახეხილი Tillamook ყველი

შეურიეთ ინგრედიენტები სამი დიუმიანი ღრმა თასში. ზემოდან მოაყარეთ გახეხილი ყველი. გამოაცხვეთ წინასწარ გახურებულ 375 გრადუსზე გახურებულ ღუმელში 45 წუთის განმავლობაში.

29. კრევეტების სუფლე

მოსავლიანობა: 6 პორცია

გაზომეთ ინგრედიენტი

- ½ ფუნტი მოხარშული კრევეტები
- 3 ნაჭერი ჯანჯაფილის ახალი ფესვი
- 1 სუფრის კოვზი შერი
- 1 ჩაის კოვზი სოიოს სოუსი
- 6 კვერცხის ცილა
- ½ ჩაის კოვზი მარილი
- 4 სუფრის კოვზი ზეთი
- 1 ცალი წიწაკა

a) მოხარშული კრევეტები და ჯანჯაფილის ფესვი დაჭერით კუბება და შემდეგ შეურიეთ შერი და სოიოს სოუსი.

b) კვერცხის ცილა ათქვიფეთ მარილით, სანამ არ გახდება ქაფიანი და გამკვრივება, მაგრამ არ გაშრება. მოაყარეთ კრევეტების ნარევი.

c) გააცხელეთ ზეთი მოწევამდე. დაუმატეთ კრევეტები-კვერცხის ნარევი და მოხარშეთ საშუალო ცეცხლზე, მუდმივად ურიეთ, სანამ კვერცხები არ დადება (3-4 წუთი).

30. ჩილე-სიმინდის სუფლე

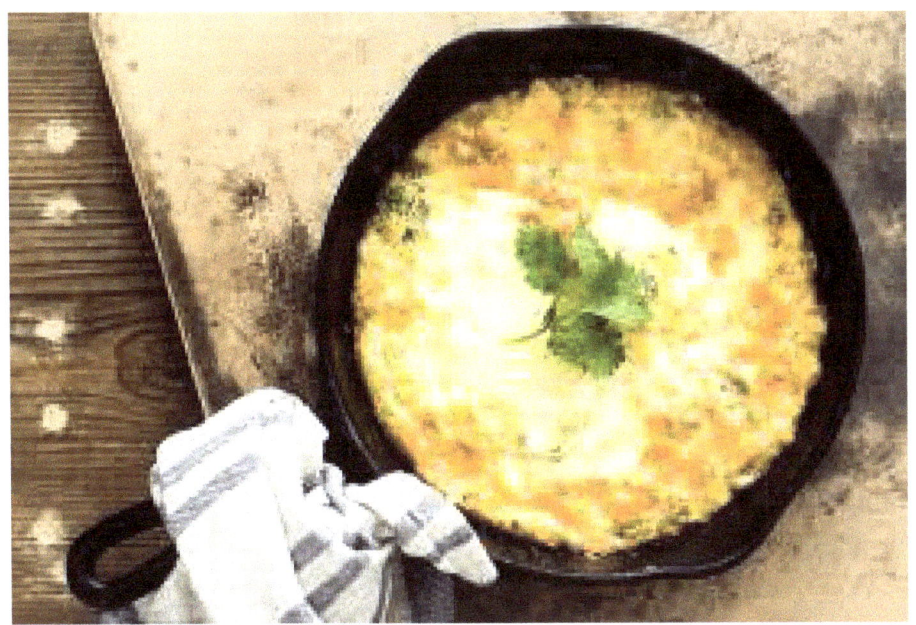

მზადდება: 6 პორცია

ინგრედიენტები:

- ¼ ჭიქა კარაქი ან მარგარინი
- ¼ ჭიქა ფქვილი
- 1 ჩაის კოვზი მარილი
- ¼ ჩაის კოვზი შავი პილპილი
- ½ ჩაის კოვზი პაპრიკა
- 1 ჭიქა რძე
- 4 კვერცხი; გამოყო
- 2 უნცია დაკონსერვებული კუბებად დაჭრილი მწვანე ჩილი
- 1 ჭიქა დაფქული ახალი სიმინდის მარცვლები

ინსტრუქციები:

a) გაადნეთ კარაქი და აურიეთ ფქვილი, მარილი, პილპილი და პაპრიკა. დაუმატეთ რძე და მოხარშეთ და ურიეთ სანამ არ შესქელდება.

b) კვერცხის გულები მსუბუქად ათქვიფეთ დაუმატეთ მცირე რაოდენობით ცხელი სოუსი, აურიეთ და ნარევი ცხელსოუსში გადააბრუნეთ

c) მოხარშეთ აურიეთ რამდენიმე წუთის განმავლობაში. ჩილი გადავწურეთდა დავამატოთსოუსში. აურიეთსიმინდი.

d) კვერცხის ცილა ათქვიფეთ სანამ არ გამკვრივდება, მაგრამ მაინც სველი. ⅓ კვერცხის ცილა მოაყარეთსიმინდის ნარევში, კარგად აურიეთ მსუბუქად მოაყარეთ დარჩენილი კვერცხის ცილა.

e) გადააქციეთუცხიმო 1 ლიტრიანი სუფლეს ჭურჭელში ან ცალცალ ჭურჭელში.

f) მოათავსეთ ცხელ წყალში და გამოაცხვეთ 350 გრადუსზე დაახლოებით50 წუთის განმავლობაში.

31. ბონაპარტის რუტრუტული სიმინდის სუფლე

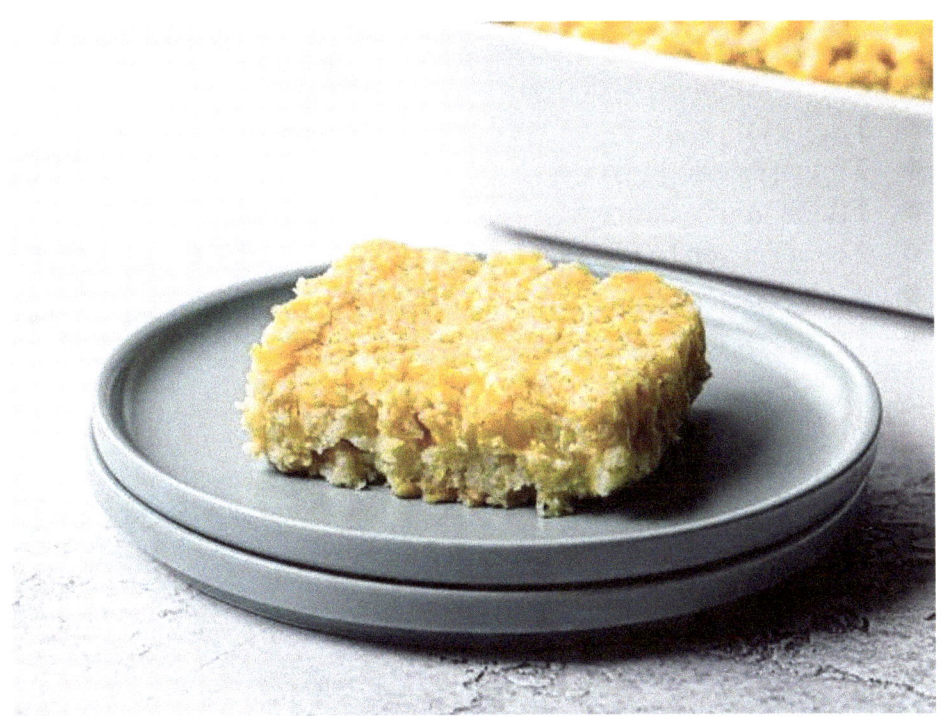

მზადდება: 4 პორცია

ინგრედიენტები:

- 2 ჭიქა მთლიანი სიმინდი
- 1 ჭიქა რძე
- 2 კვერცხი, ათქვეფილი
- 1 ჩაის კოვზი მარილი
- 2 სუფრის კოვზი კარაქი
- 2 სუფრის კოვზი ფქვილი
- 2 სუფრის კოვზი შაქარი

ინსტრუქციები:

a) გააცხელეთ ღუმელი 350-მდე.

b) შეურიეთ ყველა ინგრედიენტი ღუმელგამძლე ჭურჭელში, კარგად აურიეთ აცხვეთ350 გრადუსზე 30 წუთის განმავლობაში.

c) დროდადრო ურიეთ

32. პურის პუდინგის სუფლე

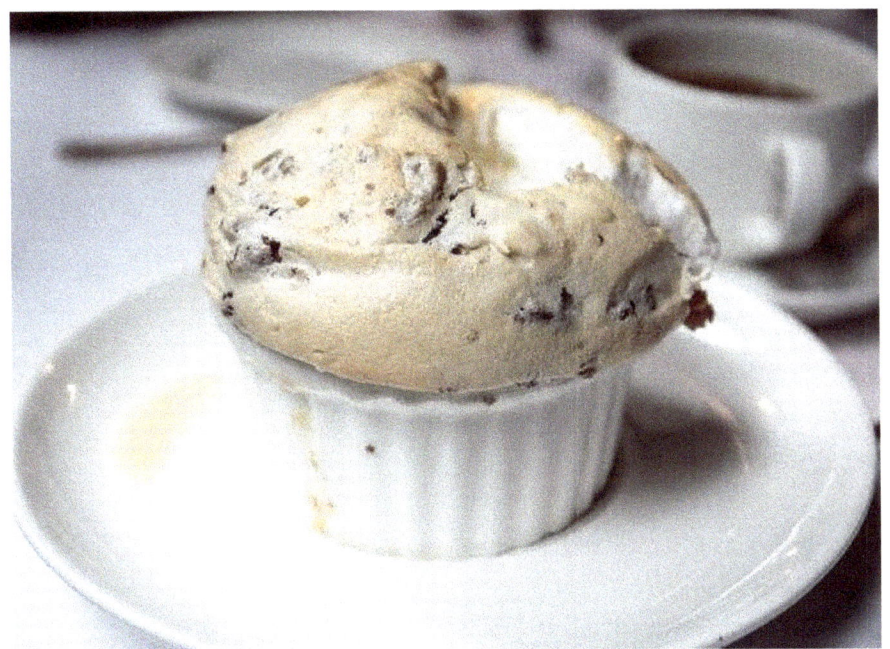

მზადდება: 1 პორცია

ინგრედიენტები:

- 2½ ჭიქა პურის პუდინგი; მაგარი
- ¾ ჭიქა შაქარი
- ტირე მუსკატის კაკალი
- 1 ჭიქა შაქარი
- 8 სუფრის კოვზი კარაქი; დნობილი
- 5 კვერცხი; ნაცემი
- 1 ლიტრი მძიმე კრემი
- ტირე დარიჩინი
- კარაქი
- 6 კვერცხის ცილა
- ტირე მუსკატის კაკალი
- 1 სუფრის კოვზი ვანილი
- ¼ ჭიქა ქიშმიში
- 12 ნაჭერი ახალი ფრანგული პური; 1 ინჩი სისქით

ინსტრუქციები:

a) სუფლე - მიქსერით ათქვიფეთ კვერცხის ცილა ნელა. დაუმატეთ შაქარი, ათქვიფეთ გამუდმებით, სანამ მერინგი არ გახდება პიკამდე. ნაზად მოაყარეთ კვერცხის ცილა და მუსკატის კაკალი პურის პუდინგის ნარევში.

b) სუფლეს კერძის ძირში და ჭერით კარაქი და მოაყარეთ შაქარი. შეავსეთ კერძი მერინგისა და პურის პუდინგის ნარევით მაღალ პიკამდე. გამოაცხვეთ 350~-ზე წინასწარ გახურებულ ღუმელში.

c) ამოიღეთ როცა სუფლე ოქროსფერი გახდება. მიირთვით ბურბონის სოუსით

d) პურის პუდინგი-გააცხელეთ ღუმელი 350~-ზე. დიდ თასში ათქვიფეთ შაქარი და კარაქი. დაუმატეთ კვერცხი, ნაღები, დარიჩინი, ვანილი, ქიშმიში, კარგად აურიეთ ჩაასხით 9" კვადრატულ ტაფაში, 1-¾" სიღრმეში. ჩადეთ ტაფა ზემოდან ½" წყლით სავსე დიდ ქვაბში. დააფარეთ ალუმინის ფოლგა.

e) აცხვეთ 45-დან 50 წუთის განმავლობაში. ბოლო 10 წუთის განმავლობაში ამოაფარეთ პუდინგი, რომ ზემოდან გაყავისფრო. დასრულების შემდეგ, კრემი უნდა იყოს რბილი, არა მყარი.

33. ბროკოლის სუფლე

მზადდება: 8 პორცია

ინგრედიენტები:

- 2 შეკვრა გაყინული ბროკოლი; (თითოეული 10 უნცია)
- 3 კვერცხი
- მარილი და პილპილი გემოვნებით
- 1 სუფრის კოვზი ხახვის წვნიანი ნაზავი
- ½ ჭიქა მაიონეზი
- ცხიმი ტაფისთვის
- 2 სუფრის კოვზი მაცას კვება, გაყოფილი

ინსტრუქციები:

a) მოხარშეთ ბროკოლი შეფუთვის ინსტრუქციის მიხედვით საფუძვლიანად გადაწურეთ

b) დააყენეთ განზე. თასში კარგად ათქვიფეთ კვერცხები მარილს, პილპილს და ხახვის წვნიანი მიქსით მაიონეზი ავურიოთ და გავაგრძელოთ თქვეფა, სანამ კარგად არ გაფუვდება. შეურიეთ მოხარშული ბროკოლი. 7 x 11½" საცხობ ფორმას წაუსვით ცხიმი. მსუბუქად მოაყარეთ 1 ს/კ მჭადის კერძი. დასხით ბროკოლი ტაფაში და ზემოდან მოაყარეთ დარჩენილი ფაფა.

c) გამოაცხვეთ 350 ტემპერატურაზე 40-50 წუთის განმავლობაში, ან სანამ ზემოდან ოქროსფერი არ გახდება.

34. ჩილის ყველის სუფლე

მზადდება: 4 პორცია

ინგრედიენტები:

- 4 სუფრის კოვზი უმარილო კარაქი; დარბილდა
- 4 სუფრის კოვზი გაცრილი უნივერსალური ფქვილი
- 1 ჭიქა ცხელი რძე
- 1 ჭიქა მკვეთრი ყველი ჩედარი
- 2 სუფრის კოვზი დაჭრილი ახალი ხალაპენო
- ¼ ჭიქა დაჭრილი ხახვი
- ½ ჩაის კოვზი მარილი
- ½ ჩაის კოვზი ახლადდაფქული შავი პილპილი
- 5 კვერცხი; გამოყო

ინსტრუქციები:

a) გააცხელეთ ღუმელი 375 გრადუსზე. წაუსვით კარაქი 1½ ლიტრიანი სუფლეს კერძს.

b) მძიმე ძირიან ქვაბში რძე მიიყვანეთ ადუღებამდე, ფრთხილად იყავით რომ არ დაიწვას ან ადუღდეს. გადმოდგით ცეცხლიდან და შეინახეთ

c) მეორე ქვაბში გაადნეთ კარაქი დაბალ ცეცხლზე. დაუმატეთ ფქვილი, ურიეთ ხის კოვზით სანამ ბოლომდე არ გაერთიანდება.

d) ჩაასხით რძის ⅓ კარაქის ნარევში და მავთულის სათქვეფით მთლიანად ჩაამატეთ დარჩენილი რძის დამატებამდე. როდესაც მთელი რძე დაემატება, განაგრძეთ ხარშვა დაბალ ცეცხლზე 5 წუთის განმავლობაში. ცხელ რძის ნარევს დაუმატეთ ყველი, ფრთხილად ურიეთ

e) არ დაუშვათ ნარევი ადუღებამდე, თორემ ყველი გამოყოფს. შეურიეთ ჯალაპენო, მარილი და პილპილი და გადმოდგით ცეცხლიდან. სითხე გააციეთ5 წუთის განმავლობაში, დაამატეთ რამდენიმე სუფრის კოვზი სითხე კვერცხის გულებს და აურიეთ შემდეგ ყველისა და რძის ნარევს ნელნელა დაუმატეთ გულები, ურიეთ ხის კოვზით

f) მიღებული მასა გადაიტანეთ მიქსერის თასში და აცადეთ ბოლომდე გაცივება სუფლეს დასრულებამდე. თასში ათქვიფეთ კვერცხის ცილა მწვერვალამდე.

g) ⅓ ათქვეფილი ცილა მოაყარეთ ყველის ნარევში და შემდეგ ფრთხილად მოაყარეთ დარჩენილი ცილა, ფრთხილად რომ ცილა არ გაფუჭდეს.

h) სუფლეს მასა ჩაასხით სუფლეს ფორმაში და გამოაცხვეთ 45 წუთის განმავლობაში. მიირთვით დაუყოვნებლივ.

35. პურის სუფლე სოკოებით და თეთრი ტრიუფელის ზეთით

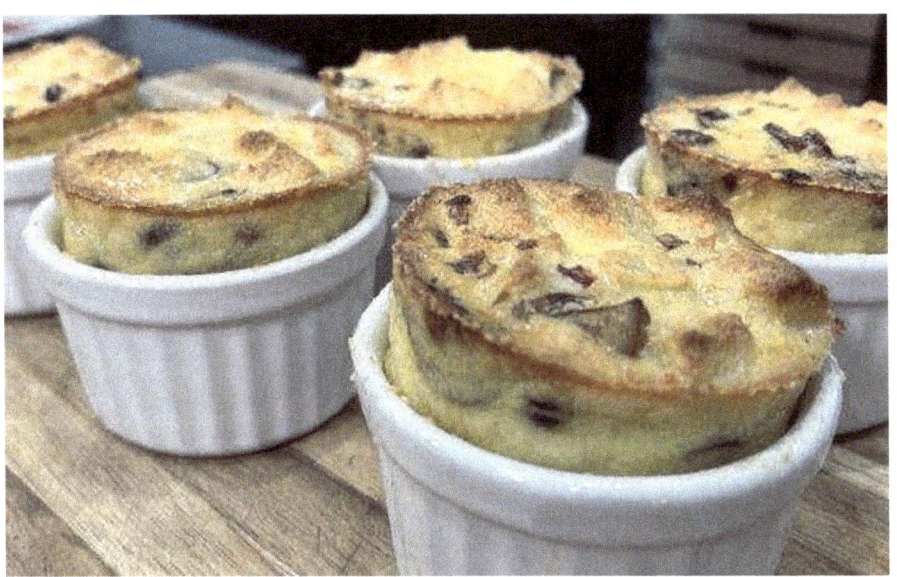

მზადდება: 8 პორცია

ინგრედიენტები:

- 1½ უნცია გამხმარი პორცინი ან შიიტაკე სოკო
- 2 ჭიქა მდუღარე წყალი
- 1 სუფრის კოვზი ზეითუნის ზეთი პლუს
- 2 ჩაის კოვზი ზეითუნის ზეთი
- 2 სუფრის კოვზი გახეხილი ყველი პარმეზანი
- 3 კბილი ნიორი; დაჭრილი
- 1 შალოტი; დაჭრილი
- ¼ ჭიქა სიმინდის სახამებელი
- 1 ჩაის კოვზი მარილი
- 6 კვერცხის ცილა
- ¼ ჩაის კოვზი კბილის კრემი
- 2 სუფრის კოვზი თეთრი ტრიუფელის ზეთი; სურვილისამებრ

პარმეზანის კრემის სოუსი

- 1 კბილი ნიორი; განახევრდა
- 1 სუფრის კოვზი კარაქი
- 1 სუფრის კოვზი ფქვილი
- 1 ჭიქა რძე
- ¼ ჭიქა გახეხილი ყველი პარმეზანი

ინსტრუქციები:

a) გამხმარი სოკო მოათავსეთ პატარა თასში. დაასხით მდუღარე წყალი და გააჩერეთ20 წუთის განმავლობაში. სოკოგადაწურეთ შეინახეთდასატენი სითხე. სითხე გადაწურეთტილოთ.
b) სოკოგადაამუშავეთკვების პროცესორში ან ბლენდერში, სანამ ნაჭრები წითელი წიწაკის ფანტელების ზომისაა.
c) სუფლეს კერძს წაუსვით2 ჩაის კოვზი ზეითუნის ზეთი.
d) კერძი მოაყარეთ პარმეზანი ისე, თითქოს ფქვილი მოაყარეთ დარჩენილი 1 სუფრის კოვზი ზეითუნის ზეთი გააცხელეთსაშუალო და დაბალცეცხლზე პატარა ტაფაზე.
e) დაამატეთნიორი და შალოტი და მოხარშეთ ხშირადურიეთ სანამ არ დარბილდება და არომატული გახდება, 3-დან 5 წუთის განმავლობაში. დაუმატეთსიმინდის სახამებელი და თანდათან

ათქვიფეთ 1½ ჭიქა დაცულ სითხეში, საჭიროების შემთხვევაში შეადგინეთ განსხვავება წყლით გააცხელეთ სითბო საშუალოზე და მიიყვანეთ სითხემდე ადუღებამდე, მუდმივად ურიეთ ადუღეთ სანამ შესქელდება, დაახლოებით 3 წუთი. მოათავსეთ ნარევი დიდ თასში.

f) დაუმატეთ სოკო და მარილი. ნარევი გააცივეთ ოთახის ტემპერატურამდე. კვერცხის ცილა და კბილის კრემი ავთქვიფეთ მწვერვალებამდე. ¼ ათქვეფილი კვერცხის ცილა მოაყარეთ სოკოს ნარევში.

g) მოაყარეთ დარჩენილი ათქვეფილი კვერცხის ცილა. კოვზით მოათავსეთ სუფლეს ჭურჭელში და გამოაცხვეთ 325 გრადუსზე, სანამ თხელი ლითონის ტესტერი ან კბილის ლვეზელი სუფთა არ გამოვა, დაახლოებით 1 საათი. ამასობაში მოამზადეთ პარმეზანი

h) კრემის სოუსი: დაასხით პატარა ტაფაზე ნივრის კბილის და ჭრილი კიდეები. დატოვე მიხაკი ტაფაში. დაუმატეთ კარაქი და გაადნეთ დაბალ ცეცხლზე.

i) ურიეთ ფქვილი და მოხარშეთ 3-დან 5 წუთის განმავლობაში ძალიან დაბალ ცეცხლზე. შეურიეთ რძე; მიიყვანეთ ადუღებამდე. გადმოდგით ცეცხლიდან და დაუმატეთ ყველი, ურიეთ სანამ არ გადნება.

j) მიირთვით სუფლე დაუყოვნებლივ, თითოეულ პორციას მოაყარეთ პარმეზანის კრემის სოუსი და 1 ჩაის კოვზი თეთრი ტრიუფელის ზეთი.

36. ჩატტუ და ჩევრსუფლე

მზადდება: 1 სუფე

ინგრედიენტები:
2 სუფრის კოვზი ზეითუნის ზეთი
1½ ჭიქა კუბიკებად დაჭრილი გაუსუფთავებელი ბადრიჯანი
2 კბილი ნიორი; დაფქული
½ ტკბილი წითელი წიწაკა; ბირთვითდა თესლი და კუბებად დაჭრილი
3 ანჩოუსი ფილე წვრილად დაჭრილი
2 სუფრის კოვზი წვრილად დაჭრილი მზეზე გამომშრალი პომიდორი, შეფუთული ზეთში
1 ჩაის კოვზი დაფქული ახალი როზმარინი ან
¼ ჩაის კოვზი ხმელი როზმარინი პლუს დამატებით დეკორაციისთვის
3 სუფრის კოვზი უმარილო კარაქი
¼ ჭიქა გაუფერულებული უნივერსალური ფქვილი
1½ ჭიქა რძე
6 კვერცხის გული
6 უნცია რბილი რბილი შევრი, როგორიცაა მონტრაშე
□არილი და პილპილი; გასინჯვა
8 კვერცხის ცილა; ოთახის ტემპერატურაზე.
¼ ჩაის კოვზი კბილის კრემი

ინსტრუქციები:
გააცხელეთ ზეთი შემწვარ ტაფაზე საშუალო ცეცხლზე. დაამატეთ ბადრიჯანი და ნიორი და მოშუშეთ 5 წუთის განმავლობაში. დაამატეთ წითელი წიწაკა და მოშუშეთ კიდევ 5 წუთი. დაუმატეთ ანჩოუსები და პომიდორი; შეწვით კიდევ 1 წუთი. აურიეთ 1 ჩ.კ. როზმარინი და დააყენეთ

გაადნეთ კარაქი მძიმე საშუალო ზომის ქვაბში საშუალო ცეცხლზე. როცა კარაქი ქაფს დაიწყებს, დაუმატეთ ფქვილი და მოხარშეთ გამუდმებით ურიეთ 1 წუთის განმავლობაში. თანდათან აურიეთ რძე და მოხარშეთ მუდმივად ურიეთ სანამ გლუვი და სქელი არ იქნება.

გადმოდგით ცეცხლიდან და დაუმატეთ თითო-თითო კვერცხის გული, ყოველი დამატების შემდეგ კარგად ათქვიფეთ დაამატეთ 4 უნცია შევრი და ურიეთ სანამ ყველი არ გადნება. სოუსი ცოტა ხნით გააცხელეთ დაბალ ცეცხლზე, თუ ის არ არის საკმარისად თბილი, რომ ყველი დნება. შეურიეთ ბადრიჯნის მასა, მოაყარეთ მარილი და პილპილი და გააჩერეთ 2 ლიტრიანი სუფლეს კერძს წაუსვით კარაქი.

კვერცხის ცილა და ცოტა მარილი ათქვიფეთ მიქსერის თასში ქაფამდე.

მოაყარეთ ტარტარის კრემი და გააგრძელეთ ცემა, სანამ ცილა ძლივს არ გამაგრდება და რბილ მწვერვალებად დადგება. არ აურიოთ რადგან ისინი არ უნდა იყოს მშრალი. ნაზად მოაყარეთ კვერცხის ცილა სუფლეს ბაზაზე.

ნაზად დაასხით ცომი მომზადებულ კერძში. ზემოდან მოაყარეთ დარჩენილი ჩევრი და დამატებით რომანი.

გამოაცხვეთ 400 F.-ზე, სანამ კარგად არ შეიფუთება და ოქროსფერი გახდება, 30-40 წუთის განმავლობაში. მიირთვით დაუყოვნებლივ.

37. ბრიუსელის კომბოსტოს სუფლე

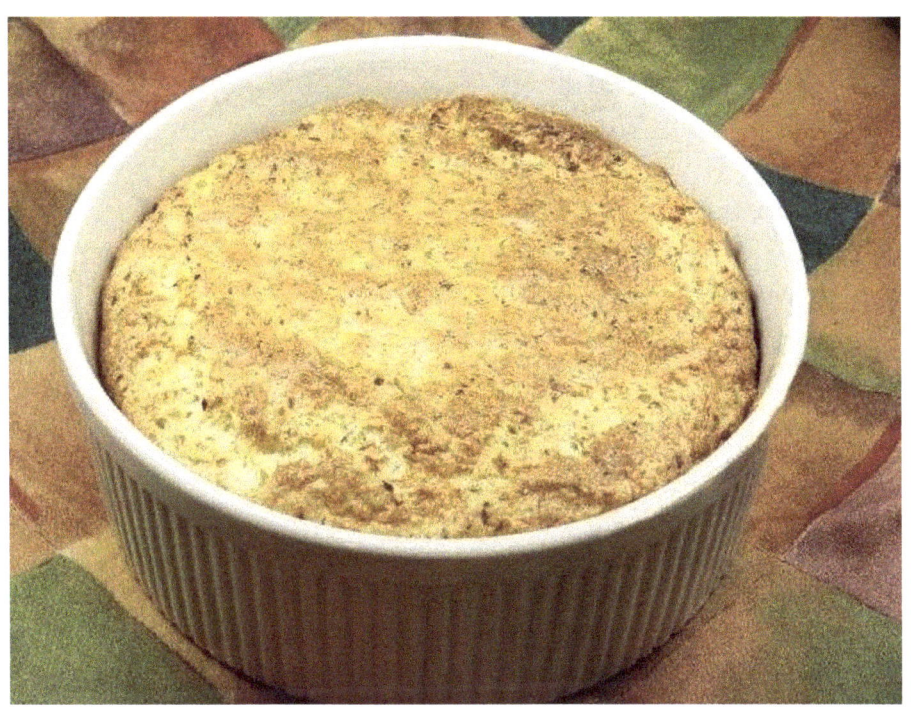

მზადდება: 2 პორცია

ინგრედიენტები:

- 2 ხელები სავსე ბროკოლი
- ყლორტები
- 2 პომიდორი
- 1 ხახვი, წვრილად დაჭრილი
- 1 ჩაის კოვზი ძროხის ბულიონი, მყისიერი
- 6 უნცია გახეხილი ყველი
- □იწაკა
- □არილი
- მუსკატის კაკალი
- პაპრიკა
- კაიენის წიწაკა

ინსტრუქციები:

a) დაფარეთ ბროკოლის კომბოსტო წყლით და მოაყარეთ მარილი, პილპილი და მუსკატის კაკალი. შედგით მიკროტალღურ ღუმელში და მოხარშეთ მაღალ ტემპერატურაზე 7 წუთის განმავლობაში.

b) ძროხის დაფქულ ხორცს შეურიეთ მარილი, პილპილი, პაპრიკა, კაიენის წიწაკა და ხახვი.

c) შევწვათ ცოტა ზეთში, სანამ ყველაფერი ლამაზად არ გახდება; დაამატეთ გაფცქვნილი, კუბიკებად დაჭრილი პომიდორი. დაუწიეთ ცეცხლს და დაუმატეთ მყისიერი ბულიონი, როცა ტომატის წვენი საკმარისად ორთქლდება.

d) სუფლეს ფორმაში მოათავსეთ ბროკოლის კომბოსტო და ხორცის ნაზავი და ზემოდან მოაყარეთ ყველი.

e) გამოაცხვეთ 200 გრადუსზე გახურებულ ღუმელში 15 წუთის განმავლობაში, სანამ ყველი არ დაიბრაწება.

38. Huevos ranchero casserole suffle

მზადდება: 12 პორცია

ინგრედიენტები:

1½ სუფრის კოვზი უმარილო კარაქი; დნობილი
6 ბულგარული წიწაკა, დახლოებით 6 ინჩი სიგრძით
12 კვერცხი; გამოყო
4 ჭიქა გახეხილი ჩედარის ყველი
2 ჭიქა ახალი ან გაყინული სიმინდის მარცვალი
1 ჭიქა რძე
2 ხალაპენოს წიწაკის მარცვლები და გარსი ამოღეთდა და ჭერით
1 ჩაის კოვზი მარილი; ან გემოვნებით
ახლად დაფქული შავი პილპილი
6 ჭიქა შეძენილი ან ხელნაკეთი სალსა გამხმარი

ინსტრუქციები:

გააცხელეთ ღუმელი 450 F-მდე. კარაქი წაუსვით9-ზე 13 დიუმიან ღუმელში გაუმტარი მინის ან თიხის ჭურჭლის ჭურჭელს. თითოეული ბულგარული წიწაკის სიგრძეზე გააკეთეთჭრილი და ამოიღეთ ღეროები, თესლი და გარსები, წიწაკა მთლიანი შეინახეთ საშუალო ზომის ქვაბი ან ტაფა ნახევრამდე შეავსეთ წყლით და მიიყვანეთ ადუღებამდე. დაუმატეთ წიწაკა, აცადეთ წყალი ადუღებამდე და მოხარშეთ სანამ წიწაკა უბრალოდ არ დარბილდება, დაახლოებით3 წუთი. ამოიღეთ და გააშრეთ ისინი ქაღალდის პირსახოცებით აცადეთ ისინი მთლიანად გაცივდეს და შემდეგ მოათავსეთ კეფის ძირი.

გაყავით კვერცხები 2 თასში. გულები ათქვიფეთ გლუვებამდე, შემდეგ შეურიეთ ყველი, სიმინდი, რძე, ხალაპენო წიწაკა და მარილი და შავი პილპილი. ცილა ათქვიფეთ რბილი მწვერვალების ჩამოყალიბებამდე, შემდეგ მოაყარეთ იყვის ნარევში, ნაზად ურიეთ სანამ თითქმის არ გაქრება.

მიღებული მასა გაფცქვენით მომზადებულ ჭურჭელში და გადაიტანეთ წინასწარ გახურებულ ღუმელის შუა თაროზე. გამოაცხვეთ სანამ კვერცხები არ გაფუვდება და ზემოდან ოდნავ შეწითლდება, დაახლოებით 7 წუთის განმავლობაში. შეამცირეთ სითბო 325F-მდე და განაგრძეთ მომზადება, სანამ კვერცხები არ გამოცხვარდება, მაგრამ არ გაშრება, 22-დან 25 წუთის განმავლობაში. შეამოწმეთ დანის ცენტრში ჩასმით თითქმის სუფთა უნდა გამოვიდეს. გადმოიღეთ ტაფა და გააჩერეთ რამდენიმე წუთი, სანამ ქვაბს 12 მართკუთხედად დაჭრით თითოეულ პორციას მიირთვით ზემოდან ცოტა სალსა კოვზით

39. ვაშლის ბრინჯის სუფლე

მზადდება: 4 პორცია

ინგრედიენტები:

- ¾ ჭიქა ზედმეტად გრძელი მარცვლეულის გამდიდრებული ბრინჯი
- 1 ცალი კვერცხი, გამოყოფილი, ან ორი კვერცხი
- თეთრები
- 1 სუფრის კოვზი თაფლი
- ლიმონის ცედრა 1/2 ლიმონისგან
- 1 თითივაშლი, გაფცქვენილი და კუბებად დაჭრილი
- ¼ ჭიქა ქიშმიში
- ¼ ჩაის კოვზი ვანილის, რომის ან კონიაკის ექსტრაქტი

ინსტრუქციები:

a) დიდი ქვაბი წყალი მიიყვანეთ ადუღებამდე.
b) დაამატეთ ბრინჯი და მოხარშეთ საშუალო დაბალ ცეცხლზე 14 წუთის განმავლობაში, ან სანამ დარბილდება.
c) გადაწურეთ და მოვლედ ჩამოიბანეთ ცივი წყლით განზე გადადეთ
d) 1 კვერცხის ცილა მოათავსეთ პატარა თასში და ათქვიფეთ ელექტრული მასით გამაგრებამდე.
e) მოათავსეთ გული (ან დარჩენილი თეთრი) დიდ თასში.
f) დაუმატეთ თაფლი და ლიმონის ქერქი.
g) ათქვიფეთ ელექტრო მიქსერით დახლოებით 3 წუთის განმავლობაში.
h) მოაყარეთ ბრინჯი, ვაშლი, ქიშმიში და ამოილეთ
i) მოაყარეთ ათქვეფილი კვერცხის ცილა. დააფარეთ 1½ კვარტის ქვაბი არაწებოვანი სპრეით
j) დაამატეთ ბრინჯის ნარევი.
k) გამოაცხვეთ 350 გრადუსზე 25-30 წუთის განმავლობაში, ან სანამ არ გამაგრდება.
l) მიირთვით ცხელი ან ცივი.

40. ქათმის სუფლეს სალათი

მზადდება: 6 პორცია

ინგრედიენტები:

- 1 თოთო3 უნცია შეფუთვა ლიმონის გემოთ ge1atin
- 1 ჭიქა ცხელი წყალი
- ½ ჭიქა ცივი წყალი
- ½ ჭიქა მაიონეზი
- 2 სუფრის კოვზი ლიმონის წვენი, ახალი, გაყინული ან დაკონსერვებული
- 1¼ ჩაის კოვზი მარილი 70-იანი წლები
- ტრუ წიწაკა
- 1½ ჭიქა დაჭრილი, მოხარშული ქათამი
- ½ ჭიქა წვრილად დაჭრილი ნიახური
- ⅓ ჭიქა მოხალული, გახეხილი გათეთრებული ნუში
- ¼ ჭიქა დაჭრილი პიმიენტო
- ¼ ჭიქა დაჭრილი მწვანე წიწაკა
- 1 ჩაის კოვზი გახეხილი ხახვი

ინსტრუქციები:

a) გახსენით ჟელატინი ცხელ წყალში. დაამატეთ ცივი წყალი, მაიონეზი, ლიმონის წვენი, მარილი და პილპილი.

b) ათქვიფეთ ელექტრული ან მბრუნავი საცემი საცემით სანამ არ შეზავდება. ჩაასხით მაცივრის უჯრაში.

c) სწრაფად გააცივეთ საყინულეში 15-დან 20 წუთამდე, ან სანამ არ გამაგრდება კიდედან დახლოებით 1 ინჩის დაშორებით მაგრამ ცენტრში რბილი. გადააქციეთ თასში და ათქვიფეთ სანამ არ გაფუვდება. მოაყარეთ დარჩენილი ინგრედიენტები.

d) მოათავსეთ 8½ x 4 ½ x 2 ½ დიუმიანი პურის ფორმაში. გაცივებამდე. ჩამოყალიბება ხვეული ენდივის საწოლზე. დაამშვენებს ზედა ნაძვის ხეს პიმიენტოს ნაჭრებისგან.

41. მაკარონის სუფლე

მზადდება: 5 პორცია

ინგრედიენტები:

18 უნცია მაკარონი

3 უნცია გუდა ყველი

18 უნცია საქონლის ხორცი

1 ხახვი

1 ქილა დაფქული პომიდორი, პატარა

1 შეკვრა თეთრი სოუსი

ინსტრუქციები:

მოხარშეთ ლაფში ინსტრუქციის მიხედვით 2. ტაფაზე შეწვით ხორცი დაქუცმაცებულ ხახვთან და ტომატის პიურესთან ერთად სანამ ხორცი არ დაიმსხვრევა. მოაყარეთ მარილი და პილპილი გემოვნებით 3. სუფლეს ტაფაზე წაუსვით ცხიმი და მონაცვლეობით შეურიეთ ლაფშა და ხორცი. 4. გააკეთეთ სოუსი ინსტრუქციის მიხედვით და დაასხით ყველაფერი. 5. შედგით 200 გრადუსზე გახურებულ ღუმელში 30 წუთის განმავლობაში.

42. ნუშის და სოკოს სუფლე

მზადდება: 4 პორცია

ინგრედიენტები:

- 9 უნცია Noodles
- 18 უნცია საქონლის ხორცი
- 1 ქილა სოკო
- 7 პომიდორი
- 1 პრასი
- 1 შეკვრა ამერიკული ყველის ნაჭრები
- 1 შეკვრა Emmental Cheese Slices
- 4 კვერცხი
- 15 უნცია კრემი
- ხახვი გაყინული, გემოვნებით
- 1 კბილი ნიორი

ინსტრუქციები:

a) სოკო, პრასი და პომიდორი დავჭრათ ნაჭრებად
b) მოხარშეთ ლაფშა მარილიან წყალში მითითებების შესაბამისად
c) საქონლის ხორცი პრასთან და სოკოსთან ერთად ცოტა ხნით შეწვით ტაფაში, მოაყარეთ მარილი, პილპილი და ნიორი.
d) აიღეთ სუფლეს ტაფა და ჩადეთ შემდეგნაირად noodles, პომიდორი, ყველი, noodles, პომიდორი, ყველი.
e) ფორმა უნდა იყოს მხოლოდ¾ სავსე.
f) კვერცხი, ნაღები, ხახვი, წიწაკა და მარილი ერთმანეთში აურიეთ და თანაბრად მოასხით გამოაცხვეთ 200-220 C გახურებულ ღუმელში 45-50 წუთის განმავლობაში.

43. არტიშოკის და ხამანწკის სუფლე

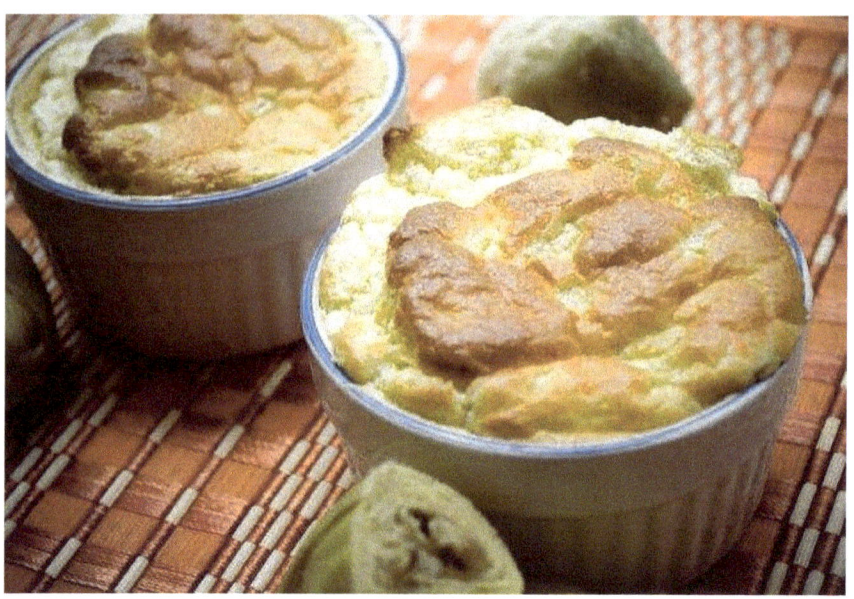

მზადდება: 4 პორცია

ინგრედიენტები:

- 4 საშუალო ზომის არტიშოკი
- 1 საშუალო ლიმონი, განახევრებული
- Oyster Soufflé ბაზა
- □ამანწვის სოუსი

ინსტრუქციები:

a) არტიშოკი დაჭრათ და ამოჭრილ ბოლოებს ლიმონით შევუსვათ
b) ჩაასხით არტიშოკები მდუღარე მარილიან წყალში და მოხარშეთ 30 წუთის განმავლობაში ან სანამ ძირები უბრალოდ არ გახდება და ფოთოლი არ ამოიჭრება მხოლოდ მცირე წინააღმდეგობით
c) ამოიღეთ ჩოგი წყლიდან, ხელახლა ჩამოაყალიბეთ მოხარშული არტიშოკი და შეავსეთ სუფლეს ფუძით
d) გააცხელეთ ღუმელი 375 F-მდე.
e) აცხვეთ20 წუთის განმავლობაში ან სანამ სუფლე არ გაფუვდება და არ გახდება ყავისფერი.
f) მიირთვითხელების სოუსით

44. ასპარაგუსის სუფლე

მზადდება: 4 პორცია

ინგრედიენტები:

¼ ჭიქა კარაქი ან მარგარინი

¼ ჭიქა ფქვილი

¼ ჩაის კოვზი მარილი

⅛ ჩაის კოვზი წიწაკა

1 ჭიქა რძე

4 კვერცხი; გამოყო

1 ჭიქა მოხარშული წვრილად დაჭრილი ასპარაგუსი; კარგად გაწურული

ინსტრუქციები:

კარაქით ფქვილითდა რძითმოამზადეთგლუვი სოუსი. გადმოდგით ცეცხლიდან და დაუმატეთ კვერცხის გული, აურიეთ შეურიეთ ასპარაგუს. კვერცხის ცილა ათქვიფეთგამკვრივებამდე; ფრთხილად მოაყარეთნარევში. გამოაცხვეთ2 ლიტრიან ცხიმწასმულსაცხობ ფორმაში (პირდაპირი) წინასწარგახურებულღუმელში 30-40 წუთის განმავლობაში 375 გრადუსზე, ან სანამ აფუებული და ჩასმული დანა სუფთა არ გამოვა. მიირთვით ერთდროულად აკეთებს 4 პორციას. ასპარაგუსს შეიძლება სხვა ბოსტნეული ჩაანაცვლოს.

45. ავოკადოს სალათის სუფლე

მზადდება: 12 პორცია

ინგრედიენტები:

- 1 შეკვრა (3-უნცია) ლაიმის ჟელატინი
- 1 ჭიქა ცხელი წყალი
- 1 ქილა (20 უნცია) დაქუცმაცებული ანანასი; გადაწურული; სარეზერვო წვენი
- 1 ჭიქა დაჭრილი ავოკადო
- ½ ჭიქა დაჭრილი პეკანი
- 2 სუფრის კოვზი ლიმონის წვენი
- ½ ჭიქა მაიონეზი
- ½ ჭიქა კრემი; ათქვეფილი
- 1 მწიკვი მარილი

ინსტრუქციები:

a) გახსენით ჟელატინი ცხელ წყალში; გაცივდეს.
b) დაუმატეთ ლიმონის წვენი, ანანასის წვენი, მაიონეზი და მარილი.
c) კარგად აურიეთ მიქსერით და გააცივეთ სანამ არ შესქელდება.
d) ჩაასხით ყინულის უჯრებში საყინულეში რამდენიმე წუთის განმავლობაში.
e) გადააქციეთ თასში; ათქვიფეთ ფუმფულამდე. მოაყარეთ ნალები, ავოკადო, თხილი და ანანასი.
f) ჩაასხით ფორმებში.

46. ჭარხლის მწვანე სუფლე

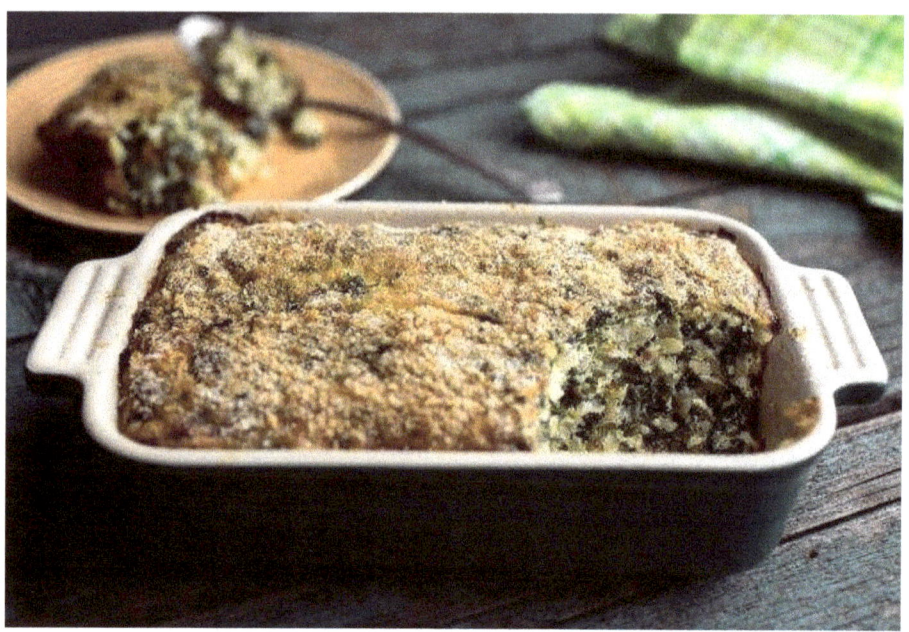

მზადდება: 1 სუფლე

ინგრედიენტები:

3 სუფრის კოვზი ყველი პარმეზანი; გახეხილი
2 საშუალო ჭარხალი; მოხარშული და გახეხილი
2 სუფრის კოვზი კარაქი
2 სუფრის კოვზი ფქვილი
¾ ჭიქა ქათმის ბულიონი; ცხელი
1 ჭიქა ჭარხლის მწვანილი; შეწვა
½ ჭიქა ჩედარის ყველი; გახეხილი
3 კვერცხის გული
4 კვერცხის ცილა

ინსტრუქციები:

კარაქი 1 ც. სუფლეს კერძი; მოაყარეთ ყველი პარმეზანი. მოხარშული ჭარხალი დავჭრათ ნაჭრებად და მოვასხათ სუფლეს კერძის ძირი.

პატარა ქვაბში გაადნეთ კარაქი, აურიეთ ფქვილი, დაუმატეთ ცხელი ბულიონი და განაგრძეთ ხარშვა ოდნავ შესქელებამდე, შემდეგ გადაიტანეთ უფრო დიდ თასში. ჭარხლის მწვანილი წვრილად დაჭერით და სოუსს ჩედარის ყველთან ერთად დაუმატეთ

ცალკე თასში ათქვიფეთ კვერცხის გული; შეურიეთ ისინი ჭარხლის მწვანე ნარევს. კვერცხის ცილა ათქვიფეთ მწვერვალამდე. მოაყარეთ თასში სხვა ინგრედიენტებთან ერთად კარგად აურიეთ გადაიტანეთ ყველფერი კარაქიან სუფლეს ჭურჭელში. მოაყარეთ ყველი პარმეზანი.

გამოაცხვეთ 350 F.-ზე 30 წუთის განმავლობაში, ან სანამ სუფლე არ გაფუვდება და ოქროსფერი გახდება.

47. კარაქის გოგრის სუფლე

მზადდება: 8 პორცია

ინგრედიენტები:

- 2 ჭიქა კარაქის გოგრა, მოხარშული და დაფქული
- 1 ჭიქა რძე
- 1 მარგარინის ჯოხი
- 1 ჭიქა შაქარი
- 3 კვერცხი
- არომატიზატორი სურვილისამებრ

ინსტრუქციები:

a) შეურიეთყველა ინგრედიენტი და მოათავსეთ საცხობ ფორმაში. მოხარშეთ350'F ტემპერატურაზე. 40 წუთის განმავლობაში.

b) გამოცხობისას ერთხელურიეთ

48. შოკოლადის ერბოის სუფლე

მზადდება: 5 პორცია

ინგრედიენტები:

- ⅓ ჭიქა მსუბუქი კრემი 3 კვერცხის გული
- 1 ყოველ8 უნცია შეფუთვა Dash მარილი
- კრემის ყველი 3 კვერცხის ცილა
- ½ ჭიქა ნახევრადტკბილი
- შოკოლადის ნაჭრები
- 3 სუფრის კოვზი გაცრილი
- საკონდიტრო შაქარი

ინსტრუქციები:

a) ძალიან დაბალ ცეცხლზე აურიეთ ნაღები და ნაღების ყველი. დაამატეთ შოკოლადის ნაჭრები; გაათბეთ და ურიეთ სანამ არ გადნება. მაგარია. კვერცხის გული და მარილი ავთქვიფოთ სქელი და ლიმონის ფერის მიღებამდე. თანდათან აურიეთ შოკოლადის ნარევში. კვერცხის ცილა ავთქვიფოთ რბილი მწვერვალების ჩამოყალიბებამდე.

b) თანდათანობით დაამატეთ შაქარი, ათქვიფეთ მყარ მწვერვალებამდე; მოაყარეთ შოკოლადის ნარევში. ჩაასხით უცხიმო 1 ლიტრიანი სუფლეს ჭურჭელში ან თასში.

c) გამოაცხვეთ ნელ ღუმელში 300 გრადუსზე 45 წუთის განმავლობაში ან სანამ ჩასმული დანა სუფთა არ გამოვა.

49. შოკოლადის სუფლე ტორტი

მზადდება: 8 პორცია

ინგრედიენტები:

- არაწებოვანი მცენარეული ზეთი
- □ერითრიტოლი
- 14 სუფრის კოვზი შაქარი
- ⅔ ჭიქა ნიგოზი -- მოხალული
- ½ ჭიქა უშაქრო კაკაოს ფხვნილი
- 3 სუფრის კოვზი მცენარეული ზეთი
- 8 დიდი კვერცხის ცილა
- 1 მწიკვი მარილი
- □აქრის ფხვნილი

ინსტრუქციები:

a) ტაფა და ქაღალდი წაუსვით მცენარეული ზეთის სპრეით
b) ტაფას მოაყარეთ 2 სუფრის კოვზი შაქარი. თხილი 2 სუფრის კოვზ შაქართან ერთად წვრილად გახეხეთ პროცესორში.
c) თხილის ნარევი გადაიტანეთ დიდ თასში. შეურიეთ 10 სუფრის კოვზი შაქარი და კაკაო, შემდეგ ზეთი.
d) ელექტრო მიქსერით ათქვიფეთ კვერცხის ცილა და მარილი დიდ თასში რბილი მწვერვალების ჩამოყალიბებამდე. თეთრები მოაყარეთ კაკაოს ნარევში 3 დანამატით
e) მომზადებულ ტაფაში ჩაასხით ცომი; გლუვი ზედა.
f) გამოაცხვეთ სანამ ნამცხვარი არ ამოიფუება და ცენტრში ჩასმული ტესტერი არ გამოვა ტენიანი ნატეხებით დაახლოებით 30 წუთის განმავლობაში.

50. მარწყვის სუფლე

იღებს: 6

ინგრედიენტები:

- 18 უნცია ახალი მარწყვი, გახეხილი და დაფქული
- ⅓ ჭიქა უმი თაფლი
- 5 ორგანული კვერცხის ცილა
- 4 ჩაის კოვზი ახალი ლიმონის წვენი

ინსტრუქციები:

a) გააცხელეთ ღუმელი 350ºF-ზე.
b) თასში აურიეთ მარწყვის პიურე, 3 სუფრის კოვზი თაფლი, 2 ცილა და ლიმონის წვენი და აურიეთ სანამ არ გახდება ფუმფულა და მსუბუქი.
c) სხვა თასში დაამატეთ დარჩენილი ცილები და ათქვიფეთ სანამ არ გახდება აფუებული.
d) შეურიეთ დარჩენილი თაფლი.
e) ნაზად ურიეთ პროტეინები მარწყვის ნარევში.
f) მიღებული მასა თანაბრად გაანაწილეთ 6 რამეკინში და საცხობ ფურცელზე.
g) მოხარშეთ დაახლოებით 10-12 წუთის განმავლობაში.
h) გამოიღეთ ღუმელიდან და მიირთვით დაუყოვნებლივ.

51. ფურაინული ორთქლზე მოხარშული კომბოსტოს სუფლე

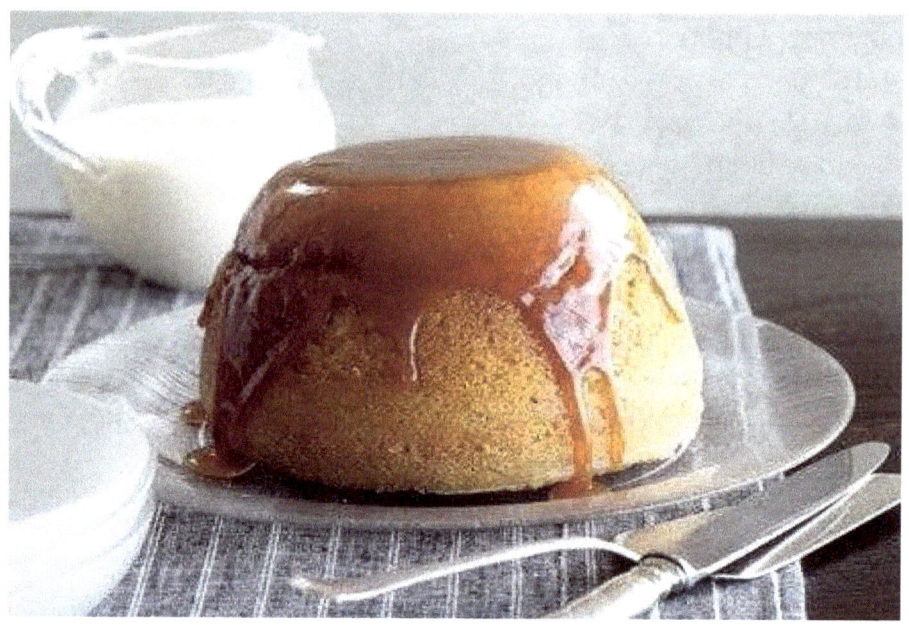

მზადდება: 8 პორცია

ინგრედიენტები:

- 1 კომბოსტო, დიდი, გარე ფოთლები ხელუხლებელი
- 1 ცალი ხახვი, დიდი, დაჭრილი
- 4 სუფრის კოვზი კარაქი
- 1½ ჩაის კოვზი მარილი
- ¾ ჭიქა რძე
- ½ ჩაის კოვზი წითელი წიწაკის ფანტელები
- 1 ჩაის კოვზი თეთრი წიწაკა
- 1 ჩაის კოვზი მარჯორამი
- 3 კვერცხის გული
- 5 კვერცხის ცილა
- 1 ჩაის კოვზი შაქარი
- ½ თითოეული კბილი ნიორი, დაჭრილი

ინსტრუქციები:

a) ამოიღეთ კომბოსტო და ამოიღეთ გარე ფოთლები. გააცალეთ ეს დიდი გარე ფოთლები მდუღარე წყალში 5 წუთის განმავლობაში. გადაწურეთ და გააჩერეთ კომბოსტო ამოიღეთ ბირთვით და ჭერით კუბიკებად და მოათავსეთ დიდ ქვაბში.

b) კომბოსტოს დაასხით რძე და ადუღეთ25 წუთის განმავლობაში ან სანამ კომბოსტო დარბილდება. ხახვი და ნიორი შეწვით კარაქში.

c) შეურიეთ დაჭრილი კომბოსტო, ხახვი და ნიორი, შეწვის კარაქი, პურის ნამსხვრევები, კვერცხის გული და სანელებლები.

d) კვერცხის ცილა ათქვიფეთ სანამ არ გამკვრივდება, მაგრამ არ გაშრება, შემდეგ მოაყარეთ ნარევში. გათეთრებული კომბოსტოს ფურცლები დაასხით დიდ ტილოზე.

e) დაასხით შემავსებელი ნარევი ფოთლების ცენტრში.

f) ფოთლები მოაყარეთ ზევით რომ შიგთავსი დაიფაროს. შემოახვიეთ ტილოების კუთხეები და მიამაგრეთ კაბით

g) მოათავსეთ შეკვრა ფრთხილად ქილაში და მოათავსეთ ქოთანი ღრმა ქვაბში რამდენიმე სანტიმეტრ წყალში.

h) დააფარეთ ქვაბს ისე, რომ დაიხუროს.

i) ქვაბი მიიყვანეთ ადუღებამდე და ადუღეთ 45 წუთის განმავლობაში.

j) სანამ ყველი, გადაატრიალეთ და ამოიღეთ ყველი.

k) მიირთვით სოუსს კუბებად დაჭერით

52. გარგარის და ფისტას სუფლე

შედეგი: 6 - 8

ინგრედიენტები:

- 3 სუფრის კოვზი კარაქი
- 4 სუფრის კოვზი ფქვილი
- 1½ ჭიქა რძე
- 6 კვერცხის გული
- 8 კვერცხის ცილა
- მწიკვი მარილი
- ⅛ ჩაის კოვზი კბილის კრემი
- ½ გარგარის და ანანასის ჯემი
- ½ გარგარის და ანანასის ჯემი
- ¼ ჩაის კოვზი ნუშის ექსტრაქტი
- 2 ნუშის ექსტრაქტი
- ათქვეფილი ნაღები
- გარგარი ჩირი, გაჟღენთილი
- ნაჭუჭიანი ფისტა
- გარგარის კონიაკი
- საკონდიტრო შაქარი
- დაფქული ფისტა თხილი

ინსტრუქციები:

a) გააცხელეთ ღუმელი 400-F-მდე.

b) გაადნეთ კარაქი და დაუმატეთ ფქვილი. დაამატეთ რძე თანდათან ურიეთ მავთულის სათქვეფით რომ მიიღოთ სქელი გლუვი სოუსი.

c) დაამატეთ შაქარი. გადმოდგით ცეცხლიდან და დაუმატეთ თითო-თითო კვერცხის გული.

d) დაუმატეთ ნუშის ექსტრაქტი, გამოწურული, დაჭრილი გარგარი, ფისტის თხილი და სურვილისამებრ კონიაკი. კვერცხის ცილა ათქვიფეთ ცოტაოდენი მარილით და ტარტარის კრემით გამაგრებამდე.

e) მოაყარეთ გარგარის ნაზავი და კოვზით მოაყარეთ კარაქიანი და შაქრიანი 6 ჭიქა სუფლეს კერძი. მოათავსეთ სუფლე ღუმელში და დაუყოვნებლივ შეამცირეთ სითბო 375 F-მდე. გამოაცხვეთ 25 წუთის განმავლობაში.

53. კალენდულას სუფლე

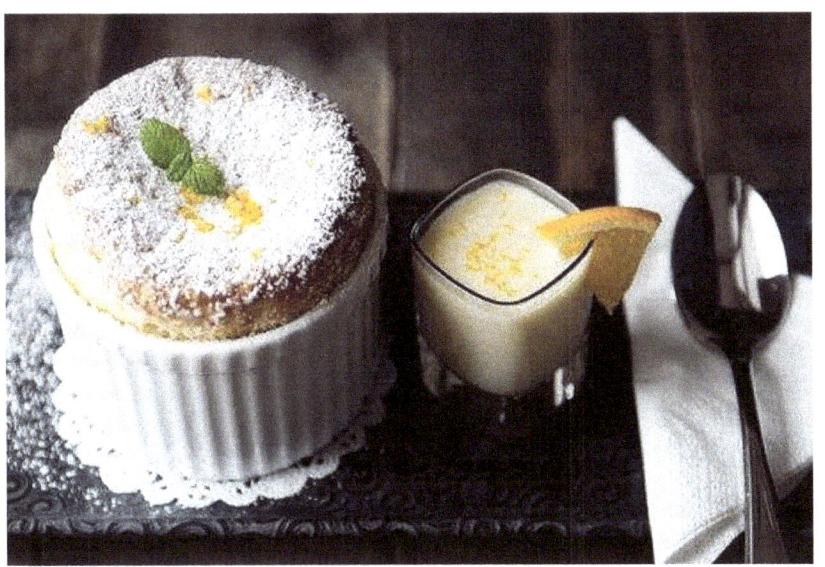

მზადდება : 4 პორცია

ინგრედიენტები:

- 1 სუფრის კოვზი კარაქი
- 2 სუფრის კოვზი ყველი პარმეზანი
- 6 კვერცხი
- ½ ჭიქა ნახევარი ნახევარი
- ¼ ჭიქა გახეხილი პარმეზანი
- 1 ჩაის კოვზი მომზადებული მდოგვი
- ½ ჩაის კოვზი მარილი
- ½ ჩაის კოვზი კაიენი
- 1 ტირე მუსკატის კაკალი
- ½ ფუნტი ბასრი ჩედარი; დაჭრილი პატარა ნაჭრებად
- 10 უნცია კრემის ყველი; დაჭრილი პატარა ნაჭრებად
- ½ ჭიქა კალენდულის ფურცლები

ინსტრუქციები:

a) კარაქი წაუსვით5 ფინჯან სუფლეს ჭურჭელს. მოაყარეთ2 სუფრის კოვზი პარმეზანი.

b) კვერცხი, ¼ ჭიქა პარმეზანი, ნახევარი და ნახევარი, მდოგვი, მარილი, კაიენი და მუსკატის კაკალი ბლენდერში ათქვიფეთ ერთგვაროვნებამდე. სანამ ძრავა ჯერ კიდევ მუშაობს, ნაწილ ნაწილ დაამატეთ ჩედარი, შემდეგ კრემის ყველი. ჩაასხით მომზადებულჭურჭელში და მოურიეთკალენდულის ფურცლები.

c) გამოაცხვეთ 45-დან 50 წუთის განმავლობაში 375F ტემპერატურაზე, ან სანამ ზედა არგახდება ოქროსფერი და ოდნავ დაბზარული. მიირთვითდაუყოვნებლივ, მორთეთკალენდულის მეტი ყვავილით

54. ჩამოკვენილი ლიმონის სუფლე

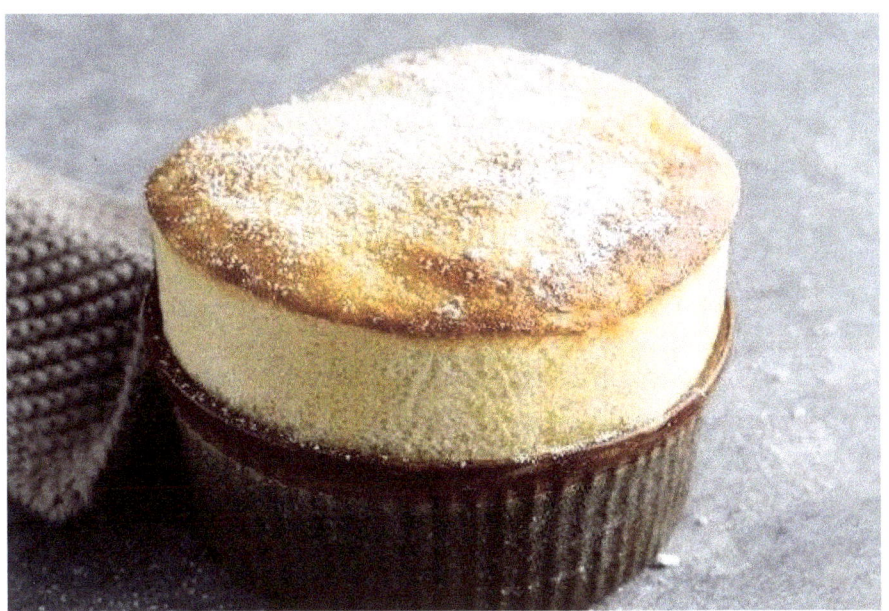

მზადდება: 1 პორცია

ინგრედიენტები:

- 3 დიდი კვერცხი; გამოყო
- 3 სუფრის კოვზი შაქარი
- 1½ სუფრის კოვზი ჩვეულებრივი ფქვილი
- 2 ჩაის კოვზი გამდნარი კარაქი
- 100 მლ ახალი ლიმონის წვენი
- 1 სუფრის კოვზი ლიმონის ცედრა
- რძე 190 მლ
- 2 ჩაის კოვზი გამდნარი კარაქი; ზედმეტი
- 3 სუფრის კოვზი შაქარი; ზედმეტი
- პიტნის ახალი ფოთლები
- ნაყიდი სორბეტი ან ნაყინი

ინსტრუქციები:

a) გააცხელეთ ღუმელი 180ჩ-მდე. და კარაქი ექვსი სუფლეს კერძები.

b) მოაყარეთ მათ დამატებითი შაქარი და გადადეთ

c) კვერცხის გული და შაქარი ათქვიფეთ სანამ არ გახდება სქელი და კრემისებური, შემდეგ დაამატეთ ფქვილი და კარაქი და განაგრძეთ თქვეფა, სანამ შაქარი კარგად არ დაიშლება.

d) შეურიეთ ლიმონის წვენი, ლიმონის ცედრა და რძე და ათქვიფეთ ცომი გლუვი.

e) ცალკე თასში ათქვიფეთ კვერცხის ცილა „ქაფის“ მიღებამდე, შემდეგ გააგრძელეთ თქვეფა შაქრის დამატებით ათქვიფეთ მაღალ სიჩქარეზე, სანამ კვერცხის ცილა არ გახდება მყარი და პრიალა.

f) კვერცხის ცილა მოაყარეთ ლიმონის ცომში და ცომი თანაბრად გაანაწილეთ მომზადებულ სუფლეს კერძებს შორის.

g) სუფლეს ჭურჭელი მოათავსეთ საცხობ ფორმაში, შემდეგ შეავსეთ ცივი წყლით სანამ წყლის დონე არ გაიზრდება სუფლეს კერძების გვერდებზე.

h) გამოაცხვეთ ისინი 180 გრადუსზე. 40 წუთის განმავლობაში.

i) როდესაც სუფლეები ცხობას დაასრულებს, ამოიღეთ წყლის აბანოდან და შედგით მაცივარში მინიმუმ 30 წუთიდან 6 საათამდე.

j) მირთმევისთვის ნება დართეთ დაბრუნდნენ ოთახის ტემპერატურაზე, შემდეგ დარტყით დანა თითოეული სუფლეს კერძის კიდეზე და გადაატრიალეთ სუფლე კერძზე.

k) მოაყარეთ შაქრის პუდრა და გააფორმეთ პიტნის ფოთლებით მიირთვით სქელი კრემით ან ნაყინით სურვილისამებრ

55. გაყინული მოცვის სუფლე და ფქული შაქრით

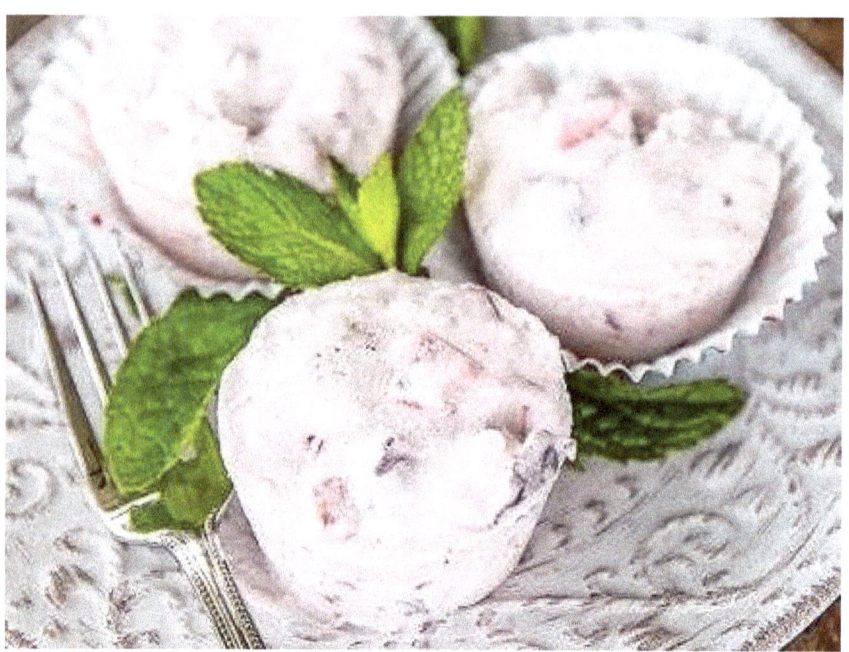

მზადდება: 2 პორცია

ინგრედიენტები:

- 2½ ჭიქა მოცვი, მოგრეფილი
- ⅔ ჭიქა შაქარი
- ⅔ ჭიქა წყალი

იტალიური მერინგისთვის:

- ¾ ჭიქა შაქარი
- ⅓ ჭიქა წყალი
- 4 დიდი კვერცხის ცილა
- 2½ ჭიქა კარგადგაცივებული მძიმე კრემი და ფქვილი შაქრის გვირგვინისთვის:
- ½ ჭიქა მსუბუქი სიმინდის სიროფი
- ¼ ჭიქა შაქარი
- ½ ჭიქა მოცვი, მოგრეფილი
- პიტნის ყლორტები გარნირებისთვის

ინსტრუქციები:

a) მოამზადეთ მოცვის ნარევი: მძიმე ქვაბში შეურიეთ მოცვი, შაქარი და წყალი და მიიყვანეთ დუღილამდე, ურიეთ სანამ შაქარი არ გაიხსნება. ადუღეთ ნარევი, დროდადრო აურიეთ 5 წუთის განმავლობაში ან სანამ არ შესქელდება და გააცივეთ ოთახის ტემპერატურამდე
b) გააკეთეთ იტალიური მერინგა: პატარა მძიმე ქვაბში შეურიეთ შაქარი და წყალი და მიიყვანეთ დუღილამდე, ურიეთ სანამ შაქარი არ დაიშლება. ადუღეთ სიროფი, ჩამოიბანეთ ტაფაზე მიბმული შაქრის კრისტალები ცივ წყალში დასველებული ფუნჯით სანამ არ დაარეგისტრირებს 248 გრადუს F. კანფეტის თერმომეტრზე და გადმოიღეთ ტაფა ცეცხლიდან. სანამ სიროფი ადუღდება, ელექტრო მიქსერის დიდ თასში ათქვიფეთ კვერცხის ცილა ცოტაოდენი მარილით სანამ არ დაიჭერს რბილმწვერვალებს, ხოლო ძრავის მუშაობისას, ნაკადში დაამატეთ ცხელი სიროფი, ათქვიფეთ და ათქვიფეთ მერინგი. საშუალო სიჩქარე 8 წუთის განმავლობაში, ან სანამ არ გაცივდება ოთახის ტემპერატურამდე.
c) ნაზად მაგრამ საფუძვლიანად მოაყარეთ მოცვის ნარევი მერინგში. სხვა თასში, გასუფთავებული საცემად ათქვიფეთ კრემი

მანამ, სანამ არ დაიჭერს მყარმწვერვალებს და მოაყარეთ მოცვის ნარევში ნაზად მაგრამ საფუძვლიანად

d) სუფლე ჩაასხით კოვზით 2½ ც. საყინულე-გაუმტარი მინის თასი, ზემოდან გაასწორეთ და გაყინეთ სუფლე, რომლის ზედაპირი დაფარულია პლასტმასის საფარით მთელი ღამით

e) მოამზადეთ დაფქული შაქრის გვირგვინი: პატარა მძიმე ქვაბში შეურიეთ სიმინდის სიროფი და შაქარი, მიიყვანეთ ადუღებამდე ზომიერ ცეცხლზე, ურიეთ სანამ შაქარი არ დაიშლება და ადუღეთ სიროფი, სანამ ოქროსფერი კარამელი არ გახდება და არ დარეგისტრირდება 320 გრადუსი F. ტკბილეულის თერმომეტრზე.

f) სანამ სიროფი ადუღდება, მსუბუქად შეზეთეთ 12 დიუმიანი კვადრატული ფურცელი და დაალაგეთ მოცვი 6 ინჩის სიგანის გვირგვინის სახით

g) გადმოდგით ტაფა ცეცხლიდან და გააჩერეთ სიროფი 30 წამის განმავლობაში.

h) ჩაყარეთ ჩანგალი სიროფში და მოასხით სიროფი მოცვი, გაიმეორეთ ეს პროცედურა მანამ, სანამ მოცვი არ დაიფარება და გვირგვინი არ ჩამოყალიბდება.

i) გვირგვინი მთლიანად გაგრილდეს.

j) გვირგვინი შეიძლება გაკეთდეს 2 საათით ადრე - სასურველია არა ნესტიან დღეს - და ინახება გრილ მშრალ ადგილას.

k) გვირგვინი ფოლგას ნაზად გამოაცალეთ დაალაგეთ სუფლეზე და მორთეთ პიტნის ყლორტებით

56. გაყინულ გარგარის სუფლეები

მზადება: 5 პორცია

ინგრედიენტები:

- წვენი და 1 ფორთოხლის წვრილად გახეხილი ცედრა
- ორი ¼ უნცია უგემოვნო ჟელატინის კონვერტი
- 3 საშუალო ზომის კვერცხი, გამოყოფილი, პლუს კიდევ 2 ცილა
- ½ ჭიქა უხვი შაქარი
- 1 ჩაის კოვზი სუფთა ვანილის ექსტრაქტი
- 1 ჭიქა ათქვეფილი ნაღები
- 4 სუფრის კოვზი ამარეტოლიქიორი
- 1 ჭიქა გარგარის პიურე
- ¾ ჭიქა შავი მოცხარი
- 2-დან 3 სუფრის კოვზშაქარს

ინსტრუქციები:

a) მოამზადეთ 4 რამეკინი ცვილის ქაღალდის ზოლის შემოხვევით თითოეულის გარედან, რგოლებიდან დახლოებით 2 სანტიმეტრით დამაგრეთლენტით

b) მსუბუქადწაუსვითქაღალდთ და ჭურჭლის შიდა მხარე.

c) გაათბეთ ფორთოხლის წვენი პატარა ქვაბში, მოაყარეთ ჟელატინი და გაათბეთ მაგარია.

d) დიდ თასში მოათავსეთ ფორთოხლის ცედრა, გული, შაქარი და ვანილი.

e) ათქვიფეთ სანამ ნამდვილად სქელი, გაფერმკრთალი და კრემისებური გახდება. ოდნავ გააგრილეთ

f) ცალკე თასში ათქვიფეთ კვერცხის ცილა, სანამ არ გამკვრივდება და თითქმის არ გახდება მწვერვალები. მესამე თასში ათქვიფეთკრემი, სანამ არ გამკვრივდება და ფორმას არ შეინარჩუნებს.

g) ჟელატინის ნარევი ამარეტოსთან ერთად აურიეთ ათქვეფილ გულებში.

h) შემდეგ მოაყარეთ ათქვეფილი ნაღები, გარგარის პიურე და ბოლოს კვერცხის ცილა.

i) როდესაც მსუბუქად მაგრამ საფუძვლიანად აირევა, კოვზით ჩაყარეთ რამეკინები, ზემოდან გაასუფთავეთ და გაყინეთ 2-დან 3 საათის განმავლობაში.

j) სოუსის მოსამზადებლად ყველა შავი მოცხარის გარდა რამდენიმე ქვაბში გაათბეთ შაქრით მოხარშეთ 4-დან 5 წუთის განმავლობაში.

k) ჩაასხით საცერში, რომ ყველა თესლი ამოიღოთ სურვილისამებრ, შემდეგ დაამატეთ მთლიანი შავი მოცხარი ტაფაში. დააყენეთ განზე.

l) მირთმევისას რამეკინები ჭამამდე 10 წუთით ადრე გამოიღეთ საყინულედან, მოაშორეთ ქაღალდი და ზემოდან ცენტრში გააკეთეთ ნახვრეტი.

m) სოუსი ბოლო წუთს გავაცხელოთ და შუაში ცოტა ჩავასხათ დანარჩენი ცალკე მიირთვით

57. გრანდმარნიე და ფორთოხლის ცივი სუფლე

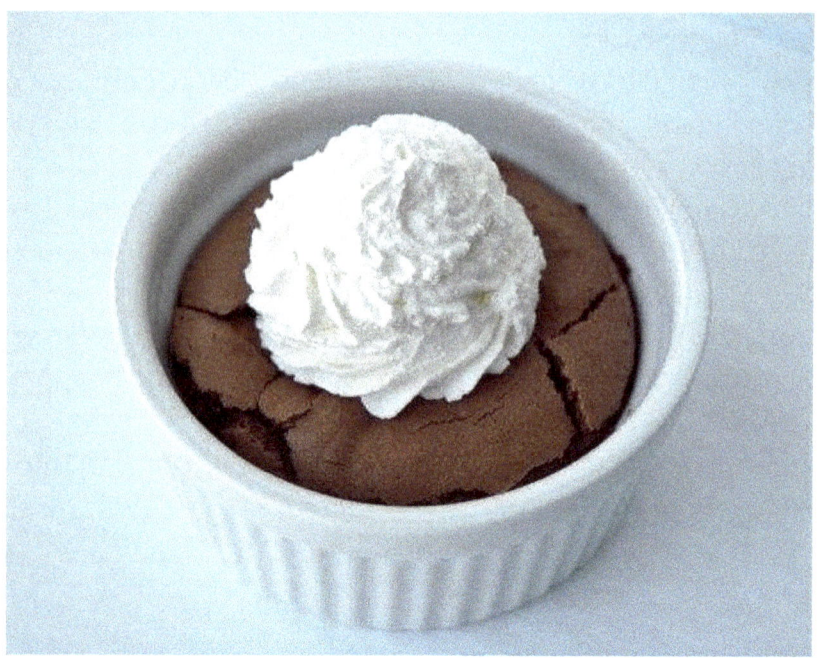

ილებს: 8

ინგრედიენტები:

- 4 დიდი ფორთოხალი
- ¼ უნცია უგემოვნო ჟელატინის კონვერტი
- 6 დიდი კვერცხი, გამოყოფილი
- 1 ჭიქა პლუს 2 სუფრის კოვზი ზედმეტად წვნიანი შაქარი
- 4-დან 6 სუფრის კოვზი Grand Marnier
- 2 სუფრის კოვზი ლიმონის წვენი
- 1 ¾ ჭიქა ათქვეფილი ნაღები, ათქვეფილი
- 2 სუფრის კოვზი წყალი
- წითელი მოცხარის რამდენიმე ღერო

ინსტრუქციები:

a) მოამზადეთ 7 დიუმიანი სიგანის, ღრმა სუფლეს კერძი, შემოახვიეთ ორმაგი ცვილის ქაღალდის საყელოში, რომელიც რგოლიდან დახლოებით 2 სანტიმეტრით მაღლა დგას. დაამაგრეთ ცვილის ქაღალდი ლენტით

b) 2 ფორთოხლის ცედრა წვრილად გახეხეთ და გადადეთ

c) გამოწურეთ 2 ან 3 ფორთოხლისგან იმდენი წვენი, რომ მიიღოთ 1 ჭიქა წვენი.

d) გააცხელეთ ფორთოხლის წვენი და შემდეგ შეურიეთ ჟელატინი.

e) გადადგით განზე გასახსნელად და ჩადეთ პატარა თასში ცხელ წყალში, სანამ მთლიანად დაიშლება.

f) კვერცხის გულები და 1 ჭიქა შაქარი ათქვიფეთ სქელ და კრემისებამდე.

g) აურიეთ ფორთოხლის წვენი, ფორთოხლის ცედრა, გრანდმარნიე და ლიმონის წვენი.

h) გააჩერეთ გასაცივებლად მაგრამ არ გაცივდეს.

i) კვერცხის ცილა ათქვიფეთ გამკვრივებამდე.

j) ნაზად მოაყარეთ ისინი გაცივებულ ფორთოხლისა და კვერცხის გულების ნარევში, რასაც მოჰყვება ათქვეფილი ნაღები, სანამ კარგად არ გაერთიანდება.

k) ჩაასხით კოვზით მომზადებულ სუფლეს ჭურჭელში და გაყინეთ რამდენიმე საათით ან მთელი ღამით

l) თხლად დავჭრათ და გავანახევროთ დარჩენილი ფორთოხალი და მოვათავსოთ არაღრმა ტაფაში ან ტაფაზე დარჩენილი 2 სუფრის კოვზი შაქარი და 2 სუფრის კოვზი წყალი. ნაზად ხარშეთ სანამ არ დარბილდება, შემდეგ მოხარშეთ მაღალ ცეცხლზე, სანამ ფორთოხლის სეგმენტები არ დაიწყებს კარამელიზაციას.

m) კარგად გააგრილეთ ცვილის ფურცელზე.

n) სუფრაზე მიტანისთვის ფრთხილად ამოიღეთ ქაღალდის საყელო სუფლეს გარშემოდა და დადით კერძი თეფშზე.

o) კარამელიზებული ფორთოხლის სეგმენტები დაალაგეთ სუფლეს თავზე და დაამატეთ ახალი წითელი მოცხარის რამდენიმე ღერო

58. ესპანური ტაფა სუფლე

ქმნის: 1

ინგრედიენტი

- 1 ყუთი ესპანური სწრაფი ყავისფერი ბრინჯი
- 4 კვერცხი
- 4 უნცია დაჭრილი მწვანე წიწაკა
- 1 ჭიქა წყალი
- 1 ჭიქა გახეხილი ყველი

ინსტრუქციები:

a) მიჰყევით შეფუთვის ინსტრუქციას ყუთის შიგთავსის მომზადებისთვის.

b) როდესაც ბრინჯი მზად იქნება, ათქვიფეთ დარჩენილი ინგრედიენტები, ყველის გამოკლებით

c) მოაყარეთ გახეხილი ყველი და გამოაცხვეთ 325°F-ზე 30-35 წუთის განმავლობაში.

59. ფორთოხლის ქეიქ სუფლე

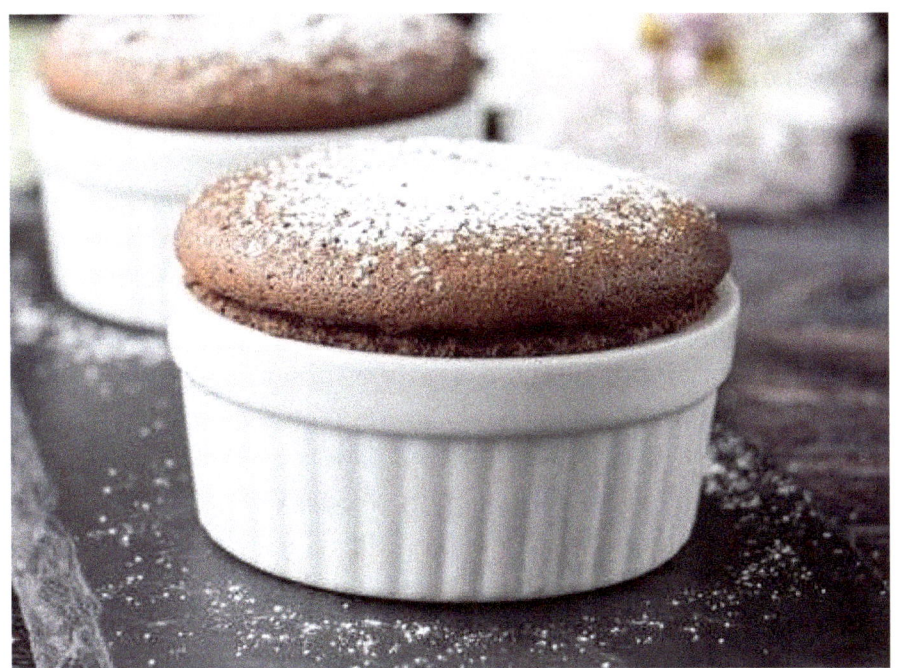

მზადდება: 5 პორცია

ინგრედიენტები:

- სოიოს რძე, 6 ჭიქა
- მოხარშული გაცივებული, ¾ ჭიქა წყალი
- ფორთოხლის ჟელე კრისტალები, 1 პაკეტი, 90 გრ
- ცხელი წყალი, 1 ჭიქა
- მანდარინი ფორთოხალი, 60 გრ

ინსტრუქციები:

a) შეურიეთ სოიოს რძე ადრე ადუღებულ გაცივებულ წყალს.
b) კარგად მოურიეთ და შედგით მაცივარში.
c) შეურიეთ ჟელე კრისტალები ცხელ წყალს.
d) კარგად ურიეთ სანამ კრისტალები არ დაიშლება.
e) მიღებული მასა ჩაასხით შუშის თასში და დატოვეთ საყინულეში, სანამ მასა თითქმის არ გამაგრდება.
f) გამოიღეთ ნარევი საყინულედან და ათქვიფეთ მომზადებულ სოიოს რძესთან ერთად სანამ მასა არ გახდება ქაფიანი.
g) მიღებული მასა შედგით მაცივარში დასაყენებლად

60. იისფერი სუფლე

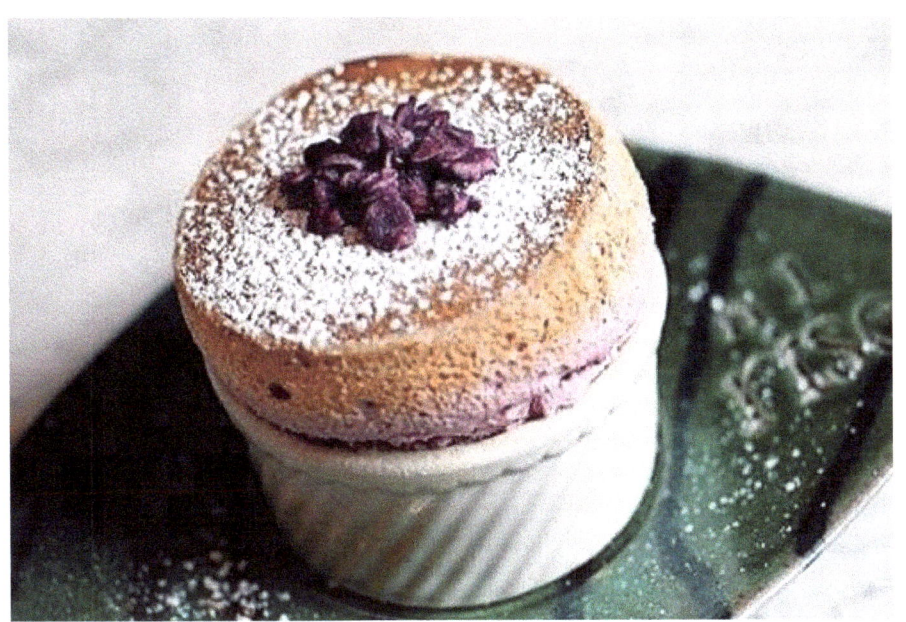

მზადდება: 1 პორცია

ინგრედიენტები:

- 9 უნცია გრანულირებული შაქარი
- 8 კვერცხის გული
- იისფერი ესენციის 8 წვეთი
- 12 დაშაქრული იისფერი, დაქუცმაცებული ან დაჭრილი
- 12 კვერცხის ცილა
- 1 მწიკვი მარილი
- კარაქი
- გრანულირებული შაქარი
- საკონდიტროშაქარი

ინსტრუქციები:

a) შაქარი და გული ავთქვიფოთგაფერმკრთალებამდე და სქელამდე.
b) დაამატეთიისფერი ესენცია და დაშაქრული იისფერი.
c) კვერცხის ცილა ათქვიფეთ მარილთან ერთად მწვერვალამდე. დაკეცეთერთად
d) სუფლეს კერძის შიგნითშეზეთეთკარაქი და მოაყარეთიმდენი შაქარი, რამდენიც კარაქს ეწებება.
e) ჩაასხითსუფლეს ნარევი. გამოაცხვეთ15 წუთის განმავლობაში 400-ზე.
f) ზემოდან მოაყარეთსაკონდიტრო შაქარი და შედგით ღუმელში კიდევ 5 წუთის განმავლობაში.
g) მიირთვითცხელი.

61. ფსტას სუფლე ფსტას ნაყინით

იღებს: 6

ინგრედიენტები
ნაყინისთვის
- 4 დიდი კვერცხი, გამოყოფილი
- 100 გ ოქროს შაქრის შაქარი
- 300 მლ ორმაგი კრემი
- 2 სუფრის კოვზი ფისტას პასტა

სუფლისთვის
- გამდნარი კარაქი, კერძებისთვის
- 3 სუფრის კოვზი შაქრის შაქარი, დამატებით დამატებით კერძებს
- 3 დიდი კვერცხი, გამოყოფილი
- 1 სუფრის კოვზი სიმინდის ფქვილი
- 1 სუფრის კოვზი ჩვეულებრივი ფქვილი
- 250 მლ მთელი რძე
- 2 სუფრის კოვზი ფისტას პასტა

ინსტრუქციები:
a) გააკეთეთ ნაყინი წინა დღით კვერცხის ცილა ათქვიფეთ მყარ მწვერვალამდე ელექტრო სათქვეფებით შემდეგ თანდათან ათქვიფეთ შაქარი, ათქვიფეთ ყოველი დამატების შემდეგ, სანამ გლუვი, პრიალა მერინგი არ გაქვთ
b) იგივე სათქვეფებით ათქვიფეთ ნაღები პისტოს პასტასთან ერთად რბილი მწვერვალებამდე.
c) ნაღები და კვერცხის გულები მოაყარეთ მერინგში, ჩაასხით კოვზით კონტეინერში და გაყინეთ ექვსი საათის განმავლობაში ან ღამით
d) სუფლეების მოსამზადებლად ექვსი რამეკინის შიგნიდან წაუსვით გამდნარი კარაქი, შემდეგ კი მოაყარეთ შაქრით
e) კვერცხის გულები ათქვიფეთ 2 სუფრის კოვზი შაქარი, ფქვილი და ცოტა მარილი. გააცხელეთ რძე პისტოს პასტასთან ერთად ორთქლამდე, შემდეგ მუდმივად აურიეთ და ასხით სითხე კვერცხის გულების ნარევში.

f) გაასუფთავეთ რძის ტაფა, შემდეგ კვლავ დაასხით ნარევი, დაბრუნეთ ცეცხლზე და მოხარშეთ2-3 წუთის განმავლობაში, სანამ სქელი კრემის კონსისტენცია არ გახდება. გადმოდგით ცეცხლიდან და გადააფარეთ ზედაპირი საკვები ფილმით, სანამ საჭირო იქნება.

g) როცა საჭმელად მზად იქნება, გააცხელეთ ღუმელი 200C-ზე და ზედა თაროზე მოათავსეთ საცხობი ფურცელი, რომ გაცხელდეს.

h) ელექტრული საფქვავებით ათქვიფეთ კვერცხის ცილა საშუალო სიმკვრივემდე, შემდეგ ათქვიფეთ დარჩენილი შაქარი.

i) დიდი კოვზით კვერცხის ცილა შეურიეთ ფისტას ნარევს, შემდეგ ფრთხილად მოაყარეთ დანარჩენი.

j) გაყავით რამეკინებს შორის, შემდეგ დანა-ჩანგალის დანა დაარტყით თითოეული რამეკინის ზედა კიდეს.

k) გადაიტანეთ ცხელ ტაფაზე და ადუღეთ 8-12 წუთის განმავლობაში, სანამ კარგად ადუღდება.

l) მიირთვით პირდაპირ პისტოს ნაყინით

62. ფრანგული თეთრი შოკოლადის სუფლე

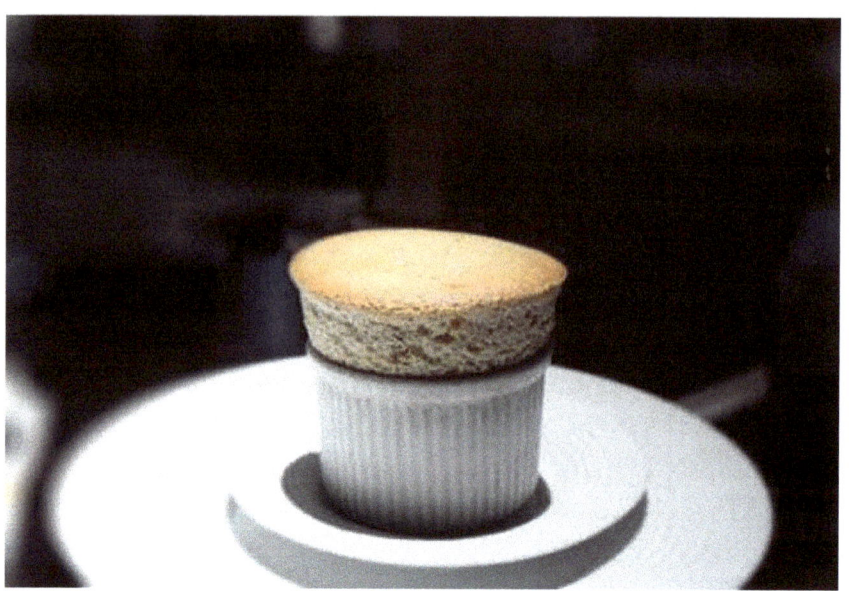

მზადდება: 6 პორცია

ინგრედიენტები

- 9 სუფრის კოვზი გრანულირებული შაქარი, გაყოფილი
- 5 სუფრის კოვზი უნივერსალური ფქვილი
- ¼ ჩაის კოვზი მარილი
- 5 უნცია თეთრი შოკოლადი, წვრილად დაჭრილი
- 3 დიდი კვერცხის გული ოთახის ტემპერატურის
- 6 დიდი კვერცხის ცილა ოთახის ტემპერატურის
- ¼ ჩაის კოვზი კბილის კრემი
- 1 ჩაის კოვზი სუფთა ვანილის ექსტრაქტი
- 1 ცალი უმარილო კარაქი
- საკონდიტრო შაქარი, გასაფხვიერებლად
- ახალი ჟოლო, დეკორაციისთვის

ინსტრუქციები:

a) გააცხელეთ ღუმელი 375 F-მდე.

b) კარაქით წაუსვით დიდი სუფლეს კერძი და მოაყარეთ ¼ ჭიქა გრანულირებული შაქარი; მომზადებული კერძი გვერდზე გადადეთ

c) აურიეთ მარილი, ყველა დანიშნულების ფქვილი და დარჩენილი ¼ ჭიქა პლუს 1 სუფრის კოვზი შაქარი; ნარევი გვერდზე გადადეთ

d) გაადნეთ თეთრი შოკოლადის ნაჭრები ცეცხლგამძლე თასში ან ორმაგ ქვაბში ძლივს ადუღებულ წყალზე, მუდმივად ურიეთ შოკოლადი, რათა არ დაიწვას.

e) მას შემდეგ, რაც შოკოლადი გადნება, გადმოიღეთ თასი ცეცხლიდან და შეურიეთ კვერცხის გულები, სანამ ნარევი საფუძვლიანად არ გაერთიანდება.

f) ცალკე თასში ათქვიფეთ კვერცხის ცილა ტარტარის კრემით საშუალო-მაღალი სიჩქარით სანამ არ დაიჭერს რბილ პრიალა მწვერვალებს.

g) განაგრძეთ ცილა მაღალ სიჩქარეზე, დაუმატეთ ვანილი და შემდეგ თანდათან დაუმატეთ მარილი-ფქვილი-შაქრის კომბინაცია, სანამ ცილა არ შეინარჩუნებს მყარ პრიალა მწვერვალებს.

h) ნაზად აურიეთ ⅓ კვერცხის ცილა შოკოლადის ნარევში, შემდეგ ფრთხილად მოაყარეთ დარჩენილი ათქვეფილი ცილა.

i) შოკოლადის ნარევი უნდა იყოს თანაბრად შეღებილი, ღია და ბუშტუკოვანი, კვერცხის თეთრი ზოლების და მარმარილოს გარეშე.

j) ჩაასხით სუფლეს ნარევი მომზადებულ ჭურჭელში და გააჩერეთ თავდახურული 30 წუთის განმავლობაში ან გამოაცხვეთ დაუყოვნებლივ 25-დან 30 წუთის განმავლობაში, სანამ სუფლე ქერქიანი გარედან არ ამოვა.

k) სუფლე მიირთვით შაქრის ფხვნილის მოყრით სურვილისამებრ

63. ვაშლის სუფლები დამარილებული კარამელის სოუსით

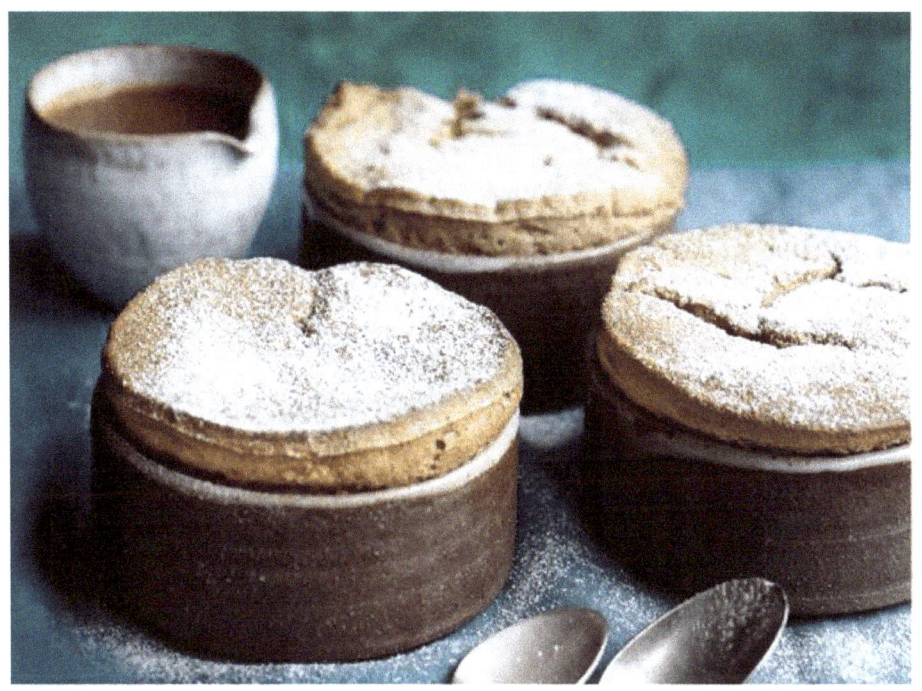

შეადგენს: 6–7

ინგრედიენტები

- გამდნარი კარაქი ცხიმისთვის
- 4½ კოქსის ვაშლი, გახეხილი, ბირთვით და მეოთხედი
- 150გრ მუქი მუსკოვადოს შაქარი
- ¾ ჩაის კოვზი დაფქული დარიჩინი
- 1 ვანილის წიპწა, შუაზე გაჭრილი, თესლი გახეხილი
- 3 საშუალო თავისუფალი ჯიშის კვერცხი, გამოყოფილი
- 8-10 ლოტელი თითი
- 3 სუფრის კოვზი კალვადოსი
- 75 გ ოქროს შაქრის შაქარი
- შაქრის პუდრა მტვერზე

დამარილებული კარამელის სოუსისთვის

- 300 მლ ორთჯერადი კრემი
- 1 ვანილის წიპწა, შუაზე გაჭრილი, თესლი გახეხილი
- 190 გრამი ოქროს შაქრის შაქარი
- 225 გრ დამარილებული კარაქი, კუბიკებად დაჭრილი

ინსტრუქციები:

a) გააცხელეთ ღუმელი 200°C/180°C ვენტილატორით/გაზით 6. ფუნჯით წაუსვით გამდნარი კარაქი რამეკინის მთელ შიგნიდან. ვაშლი მოათავსეთ საცხობ ფორმაში, მოაყარეთ მუსკოვადოს შაქარი და დარიჩინი, დაუმატეთ ვანილის მარცვლები და წიპწები, შემდეგ მოხარშეთ 45 წუთის განმავლობაში, დროდადრო აურიეთ სანამ რბილდა.

b) ამოიღეთ ვანილის ლეზელი, კოვზით დასხით ვაშლი და ნებისმიერი წვენი კვების პროცესორში, შემდეგ ათქვიფეთ პიურემდე. დაუმატეთ კვერცხის გული, ათქვიფეთ შემდეგ გადაიტანეთ თასში. ჩართეთ ღუმელი 220°C/200°C ვენტილატორი/გაზი 7.

c) ამასობაში მოამზადეთ მარილიანი კარამელის სოუსი. ნაღები, ვანილის მარცვლები და ტოპი ჩავყაროთ ქვაბში და მივიყვანოთ ადუღებამდე. გააცხელეთ დიდი ტაფა საშუალო მაღალ ცეცხლზე და დაუმატეთ190 გ ოქროს შაქრის შაქარი, თითო კოვზით ნება მიეცით

თითოეული დანამატი დნება, სანამ დაამატებთ შემდეგს. ბუშტუკები მანამ, სანამ არ შექმნის ღრმა ქარვისფერ კარამელს.

d) ამოიღეთ ვანილის ღეროები კრემიდან, შემდეგ დაასხით კარამელზე, აურიეთ საშუალო ცეცხლზე, სანამ არ გაერთიანდება.

e) კარაქი ნაწილ-ნაწილად ათქვიფეთ პრიალა სოუსის შესაქმნელად შეინახეთ თბილად.

f) ლორბლის თითები გაჭერით 1-2 სმ-ის ნაჭრებად და მოათავსეთ რამეკინის ძირში.

g) მოასხით კალვადოსი. საცხობი ფურცელი შედგით ღუმელში გასახურებლად

h) კვერცხის ცილა მოათავსეთ სუფთა თასში. ათქვიფეთ მყარ მწვერვალამდე ელექტრო მიქსერით შემდეგ დაამატეთ 75 გრამი ოქროს შაქრის კოვზი თითო-თითო კოვზით ათქვიფეთ მყარ მწვერვალებამდე ყოველი დამატების შემდეგ, სანამ მთელი შაქარი არ გაერთიანდება.

i) აურიეთ კოვზი მერინგი ვაშლის პიურეში, რომ გაფხვიერდეს, შემდეგ ნაზად მოაყარეთ პიურე მერინგში დიდი ლითონის კოვზის გამოყენებით რვა ფიგურის მოძრაობით

j) გაყავით რამეკინებს შორის. გამოიყენეთ პალიტრის დანა ზედა ნაწილების გასასწორებლად შემდეგ დაასხით მაგიდის დანის წვერი თითოეული სუფლეს გარშემო

k) რამეკინები მოათავსეთ ღუმელში ცხელ საცხობ ფირფიტაზე.

l) გამოაცხვეთ 12-15 წუთის განმავლობაში, სანამ არ ადიდდება და არ გახდება ოქროსფერი, მაგრამ მაინც ოდნავ რხევით ცენტრში.

m) მოაყარეთ შაქრის პუდრა, შემდეგ მიიტანეთ დაუყოვნებლივ კარამელის სოუსით

64. გაცივებული ლიმონის სუფლე

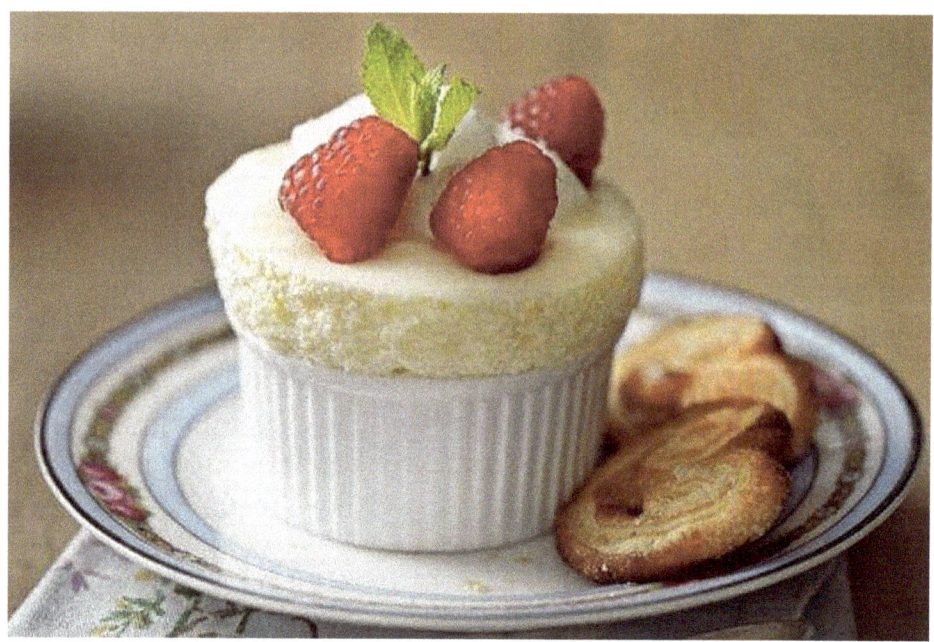

იღებს: 8

ინგრედიენტები

- ჟელატინის 4 ფურცელი
- 3 ლიმონის წვრილად გახეხილი ცედრა და წვენი
- 6 საშუალო ორგანული კვერცხი, გამოყოფილი
- 300 გრამი ოქროს შაქრის შაქარი
- 425 მლ თქვეფილი ნაღები

ინსტრუქციები:

a) აიღეთ24 სმ სიგრძის საცხობი ქაღალდი და დაკეცეთ3 ნაწილად შემდეგ შემოახვიეთ 1 ლიტრიანი ცალმხრივი სუფლეს ჭურჭლის გარშემო ისე, რომ ქაღალდი ზემოდან 2-4 სმ-ით გაიწელოს. დააყენეთგანზე.

b) დასველეთ ჟელატინის ფურცლები უამრავ ცივ წყალში და გადადეთ

c) ამასობაში ლიმონის ცედრა და წვენი, კვერცხის გული და შაქარი მოაყარეთ დიდ ცეცხლგამძლე თასში. ქვაბში წყალი მიიყვანეთ ადუღებამდე, შემდეგ გამორთეთცეცხლი.

d) მოათავსეთთასი ცხელი წყლის ტაფაზე, დარწმუნდით რომ თასის ძირი წყალს არეხება.

e) ელექტრო ხელის სათქვეფით ათქვიფეთ ლიმონის ნარევი დახლოებით5 წუთის განმავლობაში, სანამ არ შესქელდება და ფერმკრთალდება.

f) პატარა ტაფაში გააცხელეთ2-3 სუფრის კოვზი წყალი, ისე რომ მხოლოდძირს დაფაროს.

g) როცა გაცხელდება, გადაწურეთ ჟელატინიდან ზედმეტი წყალი, ჩაყარეთ ფურცლები ტაფაში და სასწრაფოდ გადმოდგით ტაფა ცეცხლიდან. ურიეთ სანამ არ დაიშლება, შემდეგ ათქვიფეთ შესქელებული ლიმონის მასაში. ამოიღეთ თასი ტაფიდან და დააყენეთ რომ მთლიანადგაგრილდეს.

h) სუფთა თასში ათქვიფეთ კვერცხის ცილა რბილი მწვერვალებამდე. სხვა სუფთა თასში ათქვიფეთათქვეფილი კრემი რბილადშესქელებამდე.

i) ათქვეფილი ნაღები ჩაყარეთლიმონის ნარევში, სანამ თეთრის კვალი არდარჩება, შემდეგ მოაყარეთკვერცხის ცილა, ისევ სანამ თეთრის კვალი არდარჩება.

j) ჩაასხითმომზადებულჭურჭელში და გააცივეთმინიმუმ 4 საათი ან სანამ არგამაგრდება.

k) მირთმევისთვის ფრთხილადამოიღეთძაფი და ქაღალდის საყელო სუფლეს გარშემო

65. შემწვარი მსხლისა და ლურჯი ყველის სუფლე

შედეგი: 2 - 3

ინგრედიენტები

- მუჭა ხმელი პურის ნამსხვრევები
- 2 მკვრივი დესერტი მსხალი, 1 გაფცქვნილი, 1 დარჩენილი დაუმუშავებელი, მეოთხედი
- 50 გრ კარაქი
- 2 ჩაის კოვზი რბილი ყავისფერი შაქარი
- 4 ახალი ხახვი, პლუს 2 დამატებით
- შებოლილი მარილი
- 1½ სუფრის კოვზი ჩვეულებრივი ფქვილი
- 125 მლ თბილი რძე, გაცხელებული
- 2 დიდი თავისუფალი ქათმის კვერცხი, გამოყოფილი
- 75 გრ ნაღების ლურჯი ყველი, დამსხვრეული

მწარე ფოთლის სალათისთვის

- 1 ვარდკაჭაჭა, ფოთლები ცალკე
- ½ კამის ბოლქვი, წვრილად დაჭრილი
- მუჭა წყლთანი და რუკეტის ფოთლები
- ერთი მუჭა ნიგოზი, უხეშად დაჭრილი

ჩაცმისთვის

- 1½ სუფრის კოვზი ექსტრა ხელუხლებელი ზეითუნის ზეთი
- 1 ჩაის კოვზი დიჟონის მდოგვი
- 2 ჩაის კოვზი თეთრი ღვინის ძმარი

ინსტრუქციები:

a) ცხიმწასმულ საცხობ ფორმას მოაყარეთ პურის ნამსხვრევები, შიგნიდან გადააფარეთ გააცხელეთ ღუმელი 200°C-მდე.

b) მსხლის ყველა ნაჭერი დადეთ ტაფაზე მაღალ ცეცხლზე, 25 გრ კარაქით შაქრით ცოტა ოდენი წყალი და თამი.

c) მიიყვანეთ ადუღებამდე, შემდეგ ოდნავ შეამცირეთ სითბო და მოხარშეთ 15-20 წუთის განმავლობაში ან სანამ რბილი და კარამელიზებული არ გახდება.

d) მოაყარეთ შებოლილი მარილი და დაფქული შავი პილპილი. გააჩერეთ რომ ცოტა გაცივდეს.

e) ამასობაში ტაფაში გავაცხელოთ დარჩენილი კარაქი. როცა აქაფდება, ჩავყაროთ ფქვილი და ვადუღოთ 3-4 წუთის განმავლობაში, ურიეთ ბისკვიტის სუფი.

f) გადმოდგით ტაფა ცეცხლიდან და ათქვიფეთ თბილ რძეში ერთგვაროვანი მასის მიღებამდე. ნაზად ხარშეთ 3-4 წუთის განმავლობაში, ურიეთ სანამ გლუვი და სქელი არ არის.

g) გადმოდგით ტაფა ცეცხლიდან და შეურიეთ კვერცხის გული და ნახევარი ლურჯი ყველი. გამზადებულ ჭურჭელში ჩავყაროთ ნახევარი მსხალი.

h) სუფთა თასში ათქვიფეთ კვერცხის ცილა ელექტრო ხელის მიქსერით სანამ არ დაიჭერს საშუალო სიმკვრივის მწვერვალებს.

i) 1 სუფრის კოვზი კვერცხის ცილა შეურიეთ კვერცხის გულების ნარევს, რომ გაფხვიერდეს, შემდეგ ნაზად მაგრამ ნაზად მოაყარეთ დარჩენილი ნაწილი ლითონის კოვზით

j) ჩაასხით ჭურჭელში და მოაყარეთ დარჩენილი ყველი.

k) გამოაცხვეთ 18-20 წუთის განმავლობაში, სანამ არ გაფუვდება, მაგრამ ოდნავ რხევით

l) ამასობაში მოაყარეთ სალათის ინგრედიენტები დარჩენილი მსხლით

m) დრესინგის ინგრედიენტები ათქვიფეთ მოასხით სალათს და მოაყარეთ შავი პილპილი.

n) მიირთვით სუფლე დაუყოვნებლივ, მოასხით ზედმეტი თამამით სალათთან და ქერქიან პურთან ერთად თუ გსურთ

66. ბანანის კაკაოს სუფლე

მზადდება: 5 პორცია

ინგრედიენტები

- 2 მწიფე ბანანი, დაჭრილი
- 5 კვერცხის ცილა
- 100 გრ შაქრის შაქარი, დამატებით გასაფენად
- დარბილებული კარაქი, დავარცხნა
- ½ ჭიქა კაკაო, გაცრილი, დამატებით მტვერი
- შოკოლადის სოუსი, მიირთვით

ინსტრუქციები:

a) გააცხელეთ ღუმელი 220°C-მდე.

b) ბანანი მოათავსეთ ბლენდერში და ათქვიფეთ პიურემდე. დააყენეთ განზე.

c) კვერცხის ცილა მოათავსეთ მიქსერის თასში, რომელიც მოთავსებულია სათქვეფის დანამატთან და ათქვიფეთ რბილი მწვერვალების მიღებამდე. როდესაც ძრავა მუშაობს, თანდათან დაამატეთ შაქარი, სანამ კვერცხის ცილა არ გახდება სქელი და ფუმფულა და შაქარი არ დაიშლება. ნაზად მოაყარეთ ბანანის პიურე ერთიანობამდე.

67. მოკას სუფლები

მზადდება: 5 პორცია

ინგრედიენტები

- ⅓ ჭიქა კაკაოს ფხვნილი
- 1 სუფრის კოვზი ხსნადი ყავა
- 100გრ შაქრის შაქარი, დამატებით მოსასხურებლად
- 6 კვერცხის ცილა
- კბილის კრემის მწიკვი
- შაქრის პუდრა მტვერი

ინსტრუქციები:

a) გააცხელეთ ღუმელი 190°C-ზე.

b) კაკაო და ყავა მოათავსეთ ტაფაში ⅓ ჭიქა ცივი წყლით და ურიეთ დაბალ ცეცხლზე, სანამ არ გაიხსნება. გაზარდეთ სითბო საშუალოზე და ხარშეთ 2 წუთის განმავლობაში, შემდეგ გააჩერეთ გასაცივებლად 5 წუთის განმავლობაში.

c) წაუსვით ცხიმი ოთხი 1 ფინჯანი სუფლეს კერძს ან სპილენძის ქვაბს და მოაყარეთ შიგნიდან დამატებით შაქრის შემცველი შაქარი, აურიეთ ზედმეტი.

d) კვერცხის ცილა ათქვიფეთ ელექტრო მიქსერით სანამ რბილი მწვერვალები არ ჩამოყალიბდება.

e) ნელ-ნელა დაუმატეთ შაქარი და ტარტარის ნალები და განაგრძეთ თქვეფა, სანამ არ ჩამოყალიბდება მყარი მწვერვალები.

f) ნაზად მოაყარეთ ცოტაოდენი კვერცხის ცილა მოვას ნარევში, შემდეგ დაუმატეთ ნაზავი დარჩენილ ცილებს და შეაერთეთ ისე, რომ შეერთება, რაც შეიძლება მეტი ჰაერი შეინარჩუნოთ ნარევში.

g) შეავსეთ სუფლის თითოეული კერძი ან ქვაბი ზევით

h) მოათავსეთ საცხობ ლანგარზე და გამოაცხვეთ 12 წუთის განმავლობაში ან სანამ ადუღდება.

i) ცხელი კერძები მოათავსეთ თეფშებზე, მოაყარეთ შაქრის პუდრა და მიირთვით დაუყოვნებლივ.

68. ჟოლოს სუფლე

იღებს: 6

ინგრედიენტები:

- 1-2 ს/კ უმარილო კარაქი, დარბილებული
- 50 გრ შაქრის შაქარი, დამატებით დასაფქვიერებლად
- 6 კვერცხის ცილა
- შაქრის პუდრა, მტვერი

ხილის ბაზა

- 500 გრ ახალი ჟოლო
- 125 გრ შაქრის შაქარი
- 1 სუფრის კოვზი სიმინდის ფქვილი

ინსტრუქციები:

a) ხილის ბაზის გასაკეთებლად კენკრა დაამუშავეთ კვების პროცესორში, სანამ არ გახდება გლუვი პიურე.

b) პიურე და შაქარი მოათავსეთ ქვაბში საშუალო ცეცხლზე, ურიეთ რომ შაქარი გაიხსნას.

c) სიმინდის ფქვილი შეურიეთ 1 სუფრის კოვზ წყალს.

d) როდესაც კენკრის ნარევი ადუღდება, შეამცირეთ სითბო მინიმუმამდე და ათქვიფეთ სიმინდის ფქვილის ნარევი.

e) ათქვიფეთ 1 წუთი, შემდეგ გადმოდგით ცეცხლიდან და გააცივეთ ბოლომდე გაგრილებამდე.

f) ექვსი 250 მლ სუფლეს კერძის ძირებს წაუსვით დარბილებული კარაქი, შემდეგ ზევით მოძრაობებით წაუსვით გვერდები.

g) გააცივეთ გამაგრებამდე, შემდეგ გაიმეორეთ

h) კერძებს მოაყარეთ შაქარი, ამოავლეთ ზედმეტი, შემდეგ ისევ გააცივეთ სანამ საჭირო იქნება.

69. შოკოლადის მარშმელოუს სუფლე

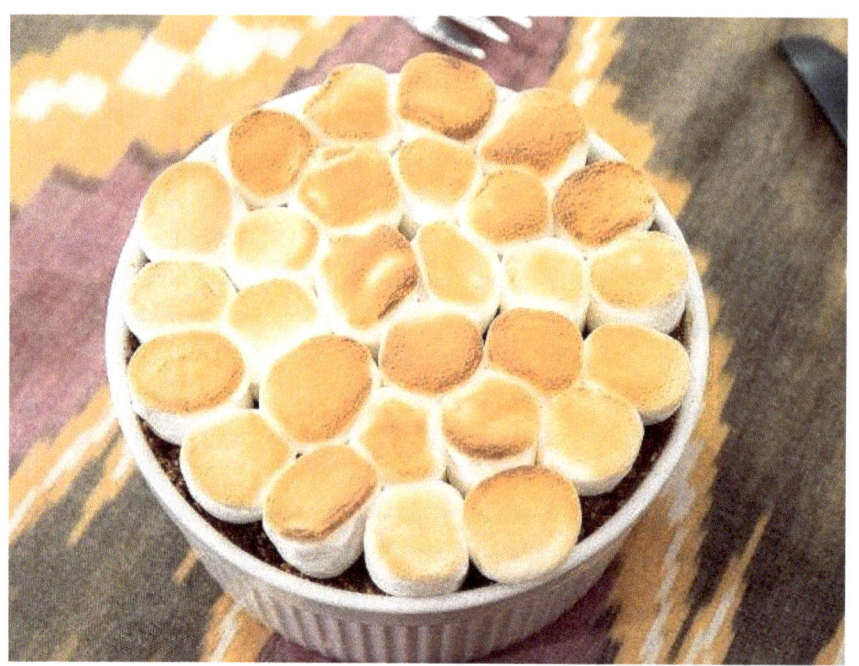

მზადდება: 6 პორცია

ინგრედიენტები:

- 3 სუფრის კოვზი კარაქი
- 3 სუფრის კოვზი ფქვილი
- ¼ ჩაის კოვზი მარილი
- 1 ჭიქა რძე
- ¼ ჭიქა შაქარი
- 3 უნცია უშაქრო შოკოლადი, გახეხილი
- 30 მარშმელოუ
- 3 კვერცხის გული, ათქვეფილი
- 1½ ჩაის კოვზი ვანილი
- 3 კვერცხის ცილა, მაგრად ათქვეფილი
- □ ათქვეფილი ნაღები

ინსტრუქციები:

a) ქვაბში გაადნეთ კარაქი. აურიეთ ფქვილი და მარილი.

b) დაუმატეთ რძე და მოხარშეთ დაბალ ცეცხლზე, მუდმივად ურიეთ სანამ არ გახდება გლუვი და გლუვი.

c) დაუმატეთ შაქარი, შოკოლადი და მარშმელოუ და ურიეთ სანამ მარშმელოუ არ გადნება.

d) გადმოდგით ცეცხლიდან და ნელ-ნელა დაუმატეთ კვერცხის გული და ვანილი. კარგად აურიეთ მაგარია.

e) როცა გაგრილდება, კვერცხის ცილა მოაყარეთ შოკოლადის მარშმელოუს ნარევში.

f) ჩაასხით ქვაბში ან სუფლეს ჭურჭელში, მოათავსეთ მდუღარე წყალში და გამოაცხვეთ 350 გრადუსზე გახურებულ ღუმელში ერთი საათის განმავლობაში ან სანამ არ გამაგრდება.

g) მიირთვით თბილი ან ცივი ათქვეფილ ნაღებთან ერთად

70. ნაყინის კივის სუფლე

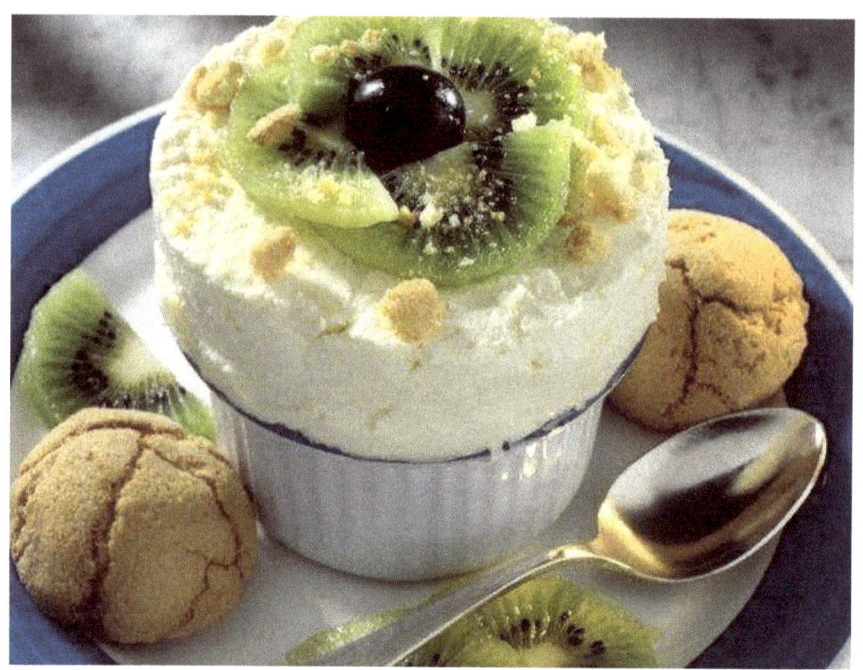

მზადება: 4 პორცია

ინგრედიენტები:
- 9 კივი
- 1 ლიმონის წვენი
- 2 კვერცხის ცილა
- 6 სუფრის კოვზი შაქარი
- 100 მილილიტრი ქოქოსის კრემი
- 200 მილილიტრი ათქვეფილი ნაღები

ინსტრუქციები:

a) კივი გაასუფთავეთ და 1 ცალი დაჭერით თხელ ნაჭრებად დარჩენილი კივი წვრილად დაჭერით

b) დაჭრილი ნაჭრები ლიმონის წვენთან და შაქართან ერთად დაასხით4 სუფრის კოვზი.

c) კვერცხის ცილა ათქვიფეთ და ჭიქებში შეურიეთკივის პიურეს და კოვზით

d) შედგითსაყინულეში და ყოველ15 წუთში ურიეთჩანგლით რომ ყინულის დიდი კრისტალები დაიშალოს.

e) 4 სუფრის კოვზი კივის პიურე შეურიეთქოქოსის რძეს.

f) ნაღები ათქვიფეთ და გადაიტანეთნარევში.

g) როცა სორბეტი გაყინვას დაიწყებს, ჭიქის ზედა ნაწილის გარშემოგააკეთეთპერგამენტის ქაღალდის რგოლები დაახლოებით 3 სმ სიმაღლეზე.

h) თითოეული ჭიქა შეავსეთქოქოსის კრემითსორბეტის თავზე და გაყინეთ2 საათის განმავლობაში.

i) სუფრასთან მიტანამდე 15 წუთითადრე ამოიღეთ და ცოტა ხნით გაათბეთ

j) მორთეთკივის ნაჭრებით და მიირთვით

71. შოკოლადის სუფლები მსხლით

იღებს: 4

ინგრედიენტები:

- 4 მსხალი
- 3 გამოყოფილი კვერცხი
- 65 გრამი ყველა დანიშნულების ფქვილი
- 100 გრ დაჭრილი შავი შოკოლადი
- 50 გრ შაქარი
- 1 ფორთოხლის ცედრა
- 3 გ მუქი კაკაოს ფხვნილი
- 50 მლ ახალი რძე
- კარაქი
- ორგანული
- □აქარი
- ორგანული

ინსტრუქციები:

a) გააცხელეთ ღუმელი 375°F-ზე, წაუსვით რამეკინს კარაქი და მოაყარეთ შაქარი.

b) შეურიეთ რძე, კაკაო, ფორთოხლის ცედრა და 25 გრ შაქარი. მოათავსეთ ქვაბში და მიიყვანეთ ადუღებამდე.

c) გადმოდგით ცეცხლიდან და ამოიღეთ ფორთოხლის ცედრა. დაუმატეთ შოკოლადი და აცადეთ გადნება.

d) კვერცხის ცილა ათქვიფეთ ცოტა ოდენი მარილით გამაგრებამდე და თანდათან შეურიეთ დარჩენილი შაქარი.

e) გამდნარ შოკოლადში აურიეთ კვერცხის გული და ფქვილი.

f) მოაყარეთ ათქვეფილი ცილა და მიღებული მასა გადაიტანეთ მომზადებულ რამეკინებზე.

g) თითოეულ რამეკინში მოათავსეთ მსხალი და მოათავსეთ რამეკინები ღრმა ღუმელგამძლე ჭურჭელში.

h) ჭურჭელი შეავსეთ 2-3 სმ ცხელი წყლით და გადაიტანეთ ღუმელში. აცხვეთ 25-30 წთ

i) გამოიღეთ ღუმელიდან და მიირთვით დაუყოვნებლივ.

72. Grand Marnier Soufflé

ინგრედიენტები:

- 1/3 ჭიქა კარაქი
- 3/4 ჭიქა ფქვილი
- 1/2 ჩაის კოვზი მარილი
- 1 1/2 ჭიქა რძე
- 5 კვერცხი, გამოყოფილი
- 3 კვერცხის ცილა
- 1 ჭიქა შაქარი
- 2 სუფრის კოვზი ლიმონის წვენი
- 1 ჩაის კოვზი გახეხილი ლიმონის კანი
- 1/2 ჭიქა Grand Marnier

a) 2 ლიტრიანი სუფლეს კერძი მსუბუქად წაუსვით ცხიმს და მოაყარეთ შაქარი. დაჭერით ცვილის ქაღალდის ან ფოლგის ზოლები დაახლოებით30 ინჩის სიგრძისა და 6 ინჩის სიგანის - საკმარისად გრძელი, რომ ჭურჭლის ირგვლივ შემოხვევისას გადაფაროს მინიმუმ 2 ინჩით

b) გაანახევრეთსიგრძეზე, შემდეგ ცალმხარეს წაუსვითკარაქი და მოაყარეთ შაქარი. მიამაგრეთ ქაღალდი, როგორც საყელო სუფლეს ჭურჭლის გარშემო, შაქრიანი გვერდით ისე, რომ ის ჭურჭლის ზემოთ მინიმუმ 2 სანტიმეტრით იყოს გაშლილი. დაამაგრეთსაყელოს ბოლოები ქაღალდის სამაგრებითან სწორი ქინძისთავებით

c) დაბალ ცეცხლზე გაადნეთ კარაქი ქვაბში - ნუ გაყავით გადმოიღეთცეცხლიდან, დაუმატეთფქვილი და მარილი და აურიეთ ერთგვაროვანი მასის მიღებამდე.

d) დაუმატეთ რძე, ნელნელა, განუწყვეტლივ ურიეთ დადგით ცეცხლზე, განუწყვეტლივ ურიეთ სანამ არშესქელდება და გლუვი გახდება. ეს საუკეთესოდ კეთდება მავთულის სათქვეფით გადმოიღეთცეცხლიდან. გამოაცალევეთკვერცხები. კვერცხის ცილა გადადეთ

e) 5 კვერცხის გული ათქვიფეთ გასქელებამდე. დაუმატეთ ცხელი კრემის სოუსი, თითო-ოროლა მცირე რაოდენობით განუწყვეტლივ ათქვიფეთ სანამ მთელი სოუსი არ დაემატება და ნარევი კრემისებრი კრემი გახდება. გააჩერეთგასაგრილებლად

f) გააცხელეთ ღუმელი 350F-მდე. ათქვიფეთ რვავე კვერცხის ცილა, სანამ რბილი მწვერვალები არ ჩამოყალიბდება, როდესაც საცემი ნაზად ასწიეთ ნელნელა დაუმატეთ შაქარი, განუწყვეტლივ ათქვიფეთ სანამ მყარი მერინგი არგამოვა.
g) თანდათან ათქვიფეთ ლიმონის წვენში, რამდენიმე წვეთი. აურიეთ ლიმონის ქერქი და გრანდმარნიე კვერცხის ნარევში, კარგად აურიეთ ერთდროულად დაუმატეთ კვერცხის ცილას, საფუძვლიანად დაკეცეთ სწრაფი, მსუბუქი დარტყმით
h) ჩაასხით სუფლეს ჭურჭელში და მოათავსეთ კერძი ტაფაში, რომელშიც ერთი სანტიმეტრი ცხელი წყალია.
i) აცხვეთ ერთი საათის განმავლობაში. გამოიღეთ ღუმელიდან და ფორმიდან მოიღეთ ქაღალდის საყელო.
j) მიირთვით ერთდროულად მოაყარეთ დადეთ კოვზით

73. ნეკერჩხლის სიროფი სუფლე

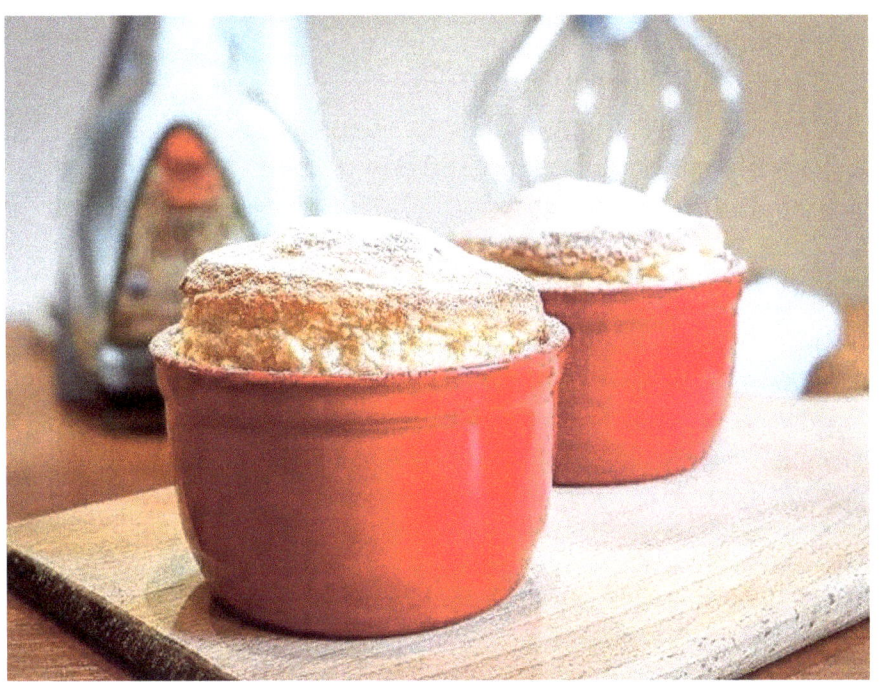

აკეთებს: 2

ინგრედიენტები:

- 1/2 ჭიქა შაქრის ფხვნილი 70 გრ
- 2 ს/კ გამაფხვიერებელი 10 მლ
- 1 ჭიქა ნეკერჩხლის სიროფი 250 მლ
- 4 კვერცხის ცილა

გააცხელეთ ღუმელი 375F 190C-მდე
კვერცხის ცილა ათქვიფეთ
ნელნელა დაუმატეთ შაქარი და გამაფხვიერებელი, ნელნელა აურიეთ
ნელნელა დაუმატეთ ნეკერჩხლის სიროფი, გადაურიალეთ სპატულით
სუფლეს კერძს წაუსვით კარაქი.
გამოაცხვეთ375F (190C) 30 წუთის განმავლობაში.
მიირთვით დაუყოვნებლივ.

74. ფორთოხლის სუფლე

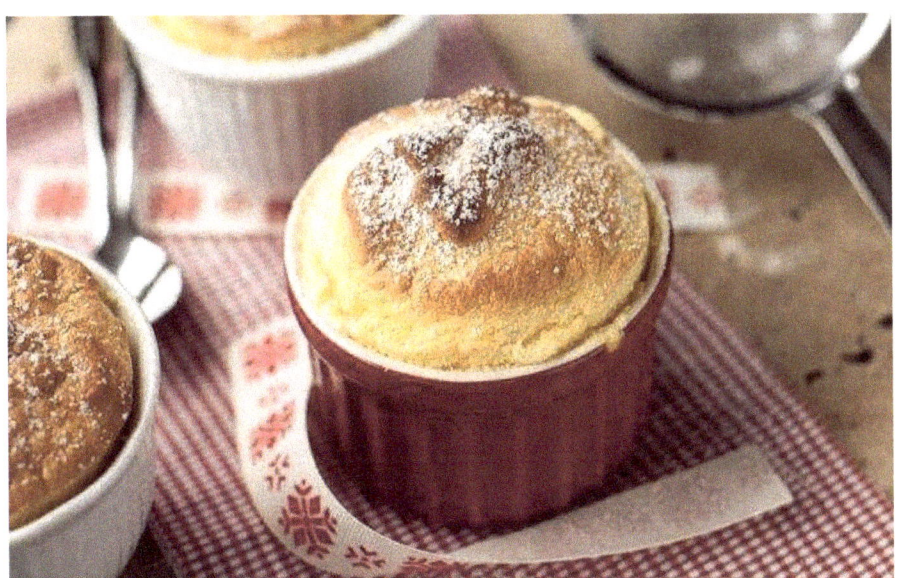

ილებს 1 3/4 ჭიქას.

ინგრედიენტები:

- 3 სუფრის კოვზი კარაქი
- 1/4 ჭიქა უნივერსალური ფქვილი
- ტური მარილი
- 2/3 ჭიქა რძე
- 1 ჩაის კოვზი წვრილად გახეხილი ფორთოხლის კანი
- 1/3 ჭიქა ფორთოხლის წვენი
- 4 კვერცხის გული
- 4 კვერცხის ცილა
- 1/4 ჭიქა შაქარი
- ფორთოხლის სოუსი

a) მიამაგრეთ კარაქიანი და შაქრიანი ფოლგის საყელო 2 ლიტრიანი სუფლეს კერძს; განზე გადადეთ.
b) პატარა ქვაბში გაადნეთ 3 სუფრის კოვზი კარაქი. აურიეთ ფქვილი და მარილი.
c) დაამატეთ რძე; მოხარშეთ და ურიეთ სანამ არ შესქელდება და ბუშტუკდება. ამოიღეთ ცეცხლიდან; შეურიეთ ფორთოხლის კანი და წვენი. პატარა მიქსერის თასში ათქვიფეთ კვერცხის გული დახლოებით 5 წუთის განმავლობაში ან სანამ არ გახდება სქელი და ლიმონისფერი. თანდათან აურიეთ ფორთოხლის ნარევი ათქვეფილ კვერცხის გულებში. კარგად გარეცხეთ ათქვეფილები.
d) დიდ მიქსერის თასში ათქვიფეთ კვერცხის ცილა რბილ მწვერვალებამდე. თანდათან დაამატეთ
e) შაქარი, ათქვიფეთ მყარ მწვერვალებამდე. ფორთოხლის ნარევი მოაყარეთ კვერცხის ცილებში. გადაიტანეთ უცხიმო სუფლეს ჭურჭელში. გამოაცხვეთ 325F ღუმელში 60-65 წუთის განმავლობაში ან სანამ ცენტრთან ჩასმული დანა სუფთა არ გამოვა. მიირთვით დაუყოვნებლივ ფორთოხლის სოუსით აკეთებს 8 პორციას.
f) ფორთოხლის სოუსი: საშუალო ზომის ქვაბში აურიეთ 1/2 ჭიქა შაქარი, 2 სუფრის კოვზი სიმინდის სახამებელი და მარილი. შეურიეთ 1 1/2 ჭიქა ფორთოხლის წვენი. მოხარშეთ და ურიეთ სანამ შესქელდება და ბუშტუკდება. მოხარშეთ კიდევ 2 წუთი. ამოიღეთ ცეცხლიდან; აურიეთ 1 სუფრის კოვზი კარაქი. მიირთვით თბილი.

75. ვაშლის სუფლე

მზადდება: 6 პორცია

ინგრედიენტები:
2 სუფრის კოვზი კარაქი (ან მარგ.)
2 სუფრის კოვზი ფქვილი, უნივერსალური
¼ ჭიქა რძე
1½ ჭიქა ვაშლის სოუსი
4 კვერცხის გული; ნაცემი
⅓ ჭიქა პურის ნამსხვრევები, რბილი
½ ჩაის კოვზი მარილი
⅛ ჩაის კოვზი დარიჩინი, დაფქული
⅓ ჭიქა შაქარი
1 სუფრის კოვზი ლიმონის წვენი; ახლადგაწურული
4 კვერცხის ცილა; მაგრადსცემეს
1 ჩაის კოვზი სიმინდის სახამებელი
1½ სუფრის კოვზი შაქარი
⅔ ჭიქა ვაშლის წვენი

გაადნეთკარაქი. აურიეთფქვილში; შეურიეთრძე და ვაშლის სოუსი. მოხარშეთ დაბალ ცეცხლზე შესქელებამდე, მუდმივად ურიეთ მაგარია. კვერცხის გულები აურიეთვაშლის ნარევში. დაუმატეთ პურის მარცვლები, მარილი, დარიჩინი, შაქარი და ლიმონის წვენი. მოაყარეთ კვერცხის ცილა. ჩაასხით 1-½ ლიტრი ცხიმწასმულ ტაფაში და მოათავსეთ ცხელწყალში. აცხვეთ 300 გრადუსზე 1 საათის განმავლობაში.

მოამზადეთ სოუსი სანამ სუფლე ცხვება. შეურიეთ სიმინდის სახამებელი და შაქარი და დაამატეთვაშლის წვენში. მოხარშეთ სანამ არშესქელდება, მუდმივადურიეთ

მიირთვითთბილსუფლეზე.

76. გარგარის სუფლე

მზადდება: 2 პორცია

ინგრედიენტები:
¾ ჭიქა მძიმე კრემი
2¼ ჩაის კოვზი ფქვილი
¼ ჭიქა შაქარი, პლუს დამატებით სუფლეს კერძის მოსასხმელად
8 დიდი ახალი გარგარი; 4 კუბებად დაჭრილი, 4 დაჭრილი
1 ჩაის კოვზი კირში
3 X-დიდი კვერცხი, გამოყოფილი ოთახის ტემპერატურაზე
მწიკვი კბილის კრემი
1 ჩაის კოვზი კარაქი
საკონდიტრო შაქარი

გაახურეთ ღუმელი 450 F-ზე. შეურიეთ ნაღები, ფქვილი, ¼ ჭიქა შაქარი და კუბებად დაჭრილი გარგარი დიდ ქვაბში. მიიყვანეთ ადუღებამდე საშუალო ცეცხლზე და მოხარშეთ აურიეთ სქელამდე, დახლოებით 3 წუთის განმავლობაში. გადმოდგით ცეცხლიდან, დაუმატეთ კირში, შემდეგ ათქვიფეთ კვერცხის გულები სათითაოდ

ათქვიფეთ კვერცხის ცილა არარეაქტიულ თასში ქაფამდე; დაამატეთ კბილის კრემი; გააგრძელეთ ცემა ძალიან გამაგრებამდე.

პატარა სუფლეს კერძი (6½ "დიამეტრი, 2 ½" სიღრმე) წაუსვით კარაქი, მოაყარეთ შაქარი და ძირს წაუსვით ¼ ჭიქა გარგარის ნარევი. დარჩენილ გარგარის ნარევს დაამატეთ კვერცხის ცილების დახლოებით მესამედი; ნაზად დაკეცეთ ერთად გაიმეორეთ ფრთხილად მოაყარეთ დარჩენილი ცილა ორ ნაწილად არ აურიოთ ზედმეტად სუფლეს ჭურჭელში ჩაასხით გარგარის ნარევი.

დარწმუნდით რომ ღუმელის სადგამი საკმარისად დაბალია, რომ სუფლეს ოთახი აწიოს კერძის რგოლზე 2"-ით გამოაცხვეთ სუფლე ზემოდან ოდნავ შეწითლებამდე, 12-15 წუთის განმავლობაში. უხვად მოაყარეთ საკონდიტრო შაქრით და დაალაგეთ ზემოდან დაჭრილი გარგარი. მიირთვით დაუყოვნებლივ. (სუფლე გააგრძელებს მომზადებას მოსვენების დროს; დაიწყე ჭამა გარედან და გააგრძელე შუაში.)

77. გამომცხვარი შოკოლადის პუდინგის სუფლე ბანანთან ერთად

მზადდება : 2 პორცია

ინგრედიენტები:

3 უნცია მწარე შოკოლადი ან ნახევრად ტკბილი შოკოლადი, დაჭრილი
¼ ჭიქა ათქვეფილი კრემი
2 კვერცხის გული ოთახის ტემპერატურის
1 ჩაის კოვზი ყავის ლიქიორი
½ ჩაის კოვზი დარიჩინი
1 პატარა ბანანი
3 კვერცხის ცილა ოთახის ტემპერატურაზე
3 სუფრის კოვზი შაქარი
□აქრის ფხვნილი
ვანილის ნაყინი, სურვილისამებრ

გააცხელეთღუმელი 425F-მდე. კარაქი არაღრმა 4 ჭიქა ოვალური გრატინის ტაფაზე. მოაყარეთშაქარი. გაადნეთშოკოლადი კრემით ღრმა ქვაბში ძლივს ადუღებულწყალზე; ურიეთ სანამ გლუვი. ამოიღეთწყალზე.

დაუყოვნებლივ ათქვიფეთ გული, შემდეგ ლიქიორი და დარიჩინი. (შეიძლება მომზადდეს 4 საათით ადრე. დაჭერით პლასტმასის ნაჭერი ზედაპირზე, რათა კანი არ წარმოიქმნას. სანამ გააგრძელებთ აურიეთძლივს ადუღებულწყალზე, სანამ შეხებამდე არ გახურდება.) მოაწყეთბანანის ნაჭრები მომზადებულტაფაში. თეთრები ავთქვიფოთ რბილი მწვერვალების ჩამოყალიბებამდე. დაამატეთ3 ს.კ. შაქარი და ათქვიფეთსანამ არგაშრება. ¼ ცილა მოაყარეთ შოკოლადში გასანათებლად ფრთხილად მოაყარეთ დარჩენილი თეთრები.

ნაზადგადაანაწილეთბანანის ნაჭრებზე. გამოაცხვეთსანამ არ გაფუვდება და მხოლოდგაზაფხულზე შეხება, დაახლოებით10 წუთი. მოაყარეთშაქრის პუდრა. მიირთვითნაყინთან ერთად

78. ბანანის შოკოლადის სუფლები

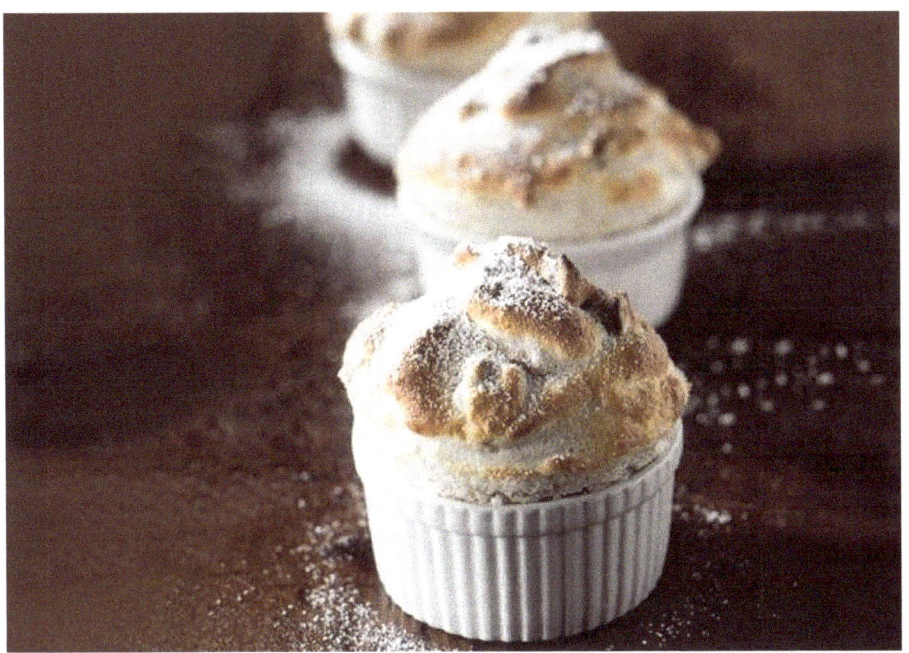

მზადდება : 1 პორცია

ინგრედიენტები:
3 დიდი კვერცხის ცილა
⅓ ჭიქა შაქარი
2 მყარი მწიფე ბანანი; (დაახლოებით6 უნცია თითოეული)
2½ სუფრის კოვზი მინიატურული ნახევრადტკბილი შოკოლადის ჩიფსები

გააცხელეთღუმელი 450 გრადუსზე და მსუბუქადწაუსვითკარაქი ექვსი ¾ ჭიქა რამეკინი (3½ ინჩი დიამეტრით1 ½ ინჩი სიმაღლეზე).

თასში ელექტრომიქსერით ათქვიფეთთეთრები, სანამ არ დაიჭერს რბილ მწვერვალებს და თანდათან ათქვიფეთ შაქარში, სანამ მერინგი მყარმწვერვალებს არშეინარჩუნებს.

ბანანი წვრილად გახეხეთ მერინგზე და ნაზად მოაყარეთ შოკოლადის ნაჭრებით

დაალაგეთრამეკინები საცხობ ფირფიტაზე და თანაბრადგაყავით ნარევი მათშორის, მოაყარეთცენტრებში. დაარტყითრამეკინის გვერდებზე დანით გაათავისუფლეთნარევი, რათა ხელი შეუწყოს ამოსვლას და გამოაცხვეთ სუფლეები შუა ღუმელში, სანამ არ გაფუვდება და არ გახდება ოქროსფერი, დაახლოებით 15 წუთის განმავლობაში. დაუყოვნებლივ მიირთვით სუფლეები.

79. შავი და თეთრი ბანანის გაყოფილი სუფლე

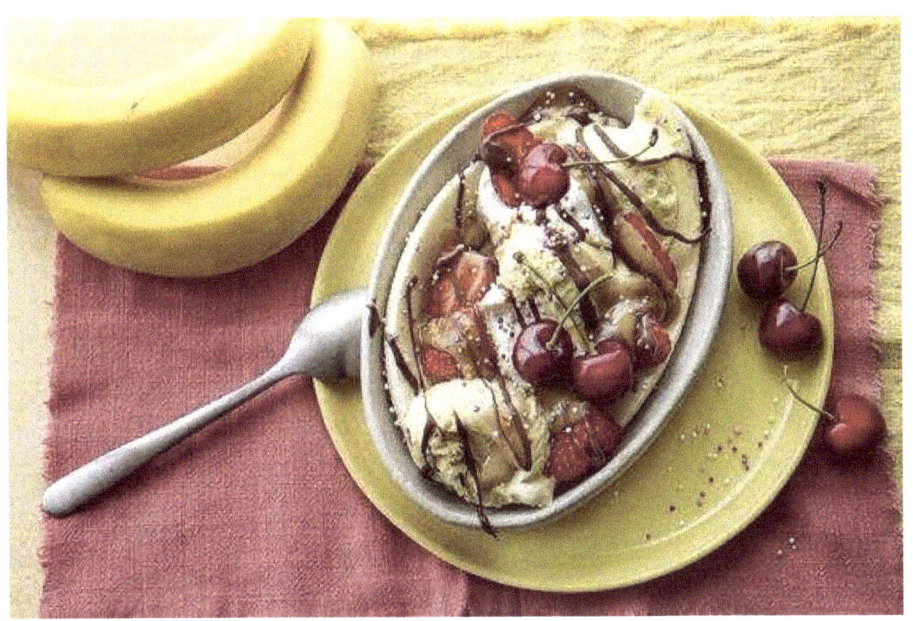

მზადდება : 6 პორცია

ინგრედიენტები:
2 შეკვრა ჟელატინი, უგემოვნო
4 ჭიქა რძე; ცივი, გაყოფილი
3⅝ უნცია პუდინგის ნაზავი, შოკოლადის კაკალი
⅛ ჩაის კოვზი დარიჩინი, დაფქული
2 ჭიქა კრემი მძიმე; გაყოფილი
3⅝ უნცია პუდინგის ნაზავი, ვანილი
1 დიდი ბანანი, მწიფე
¼ ჩაის კოვზი მუსკატის კაკალი, დაფქული
შოკოლადი, გაპარსული
პიტნის ჯოხი კანფეტი, დაქუცმაცებული
ბანანის ნაჭრები

შეარბილეთ1 კონვერტი ჟელატინი ¼ ჭიქა ცივ რძეში. მოამზადეთ შოკოლადის თხილის პუდინგი შეფუთვის ინსტრუქციის მიხედვით1-¾ ჭიქა რძის გამოყენებით გამოიყენეთ ცხელი პუდინგი ჟელატინის გასახსნელად შეურიეთ დარიჩინი და გააგრილეთ ათქვიფეთ ჭიქა მძიმე ნაღები და მოაყარეთმაგარი შოკოლადის ნარევში. ჩაასხით 1 ლიტრიანი სუფლეს ჭურჭელში და გაცივდით სანამ არ გამკვრივდება. გარშემორტყმული კერძი ალუმინის ფოლგის საყელოთი, ამაღლებს კერძის დონეს 1-½ ინჩით ლენტი ადგილზე ან ჰალსტუხი ძაფით

დაარბილეთჟელატინის დარჩენილი კონვერტი ¼ ჭიქა ცივ რძეში. მოამზადეთვანილის პუდინგი შეფუთვის ინსტრუქციის მიხედვით 1-¾ ჭიქა ცივი რძის გამოყენებით გამოიყენეთცხელი პუდინგის ნარევი ჟელატინის გასახსნელად ბანანი კარგად გახეხეთ და მოაყარეთ მუსკატის კაკალი. დარჩენილი ნაღები ათქვიფეთ და მოაყარეთბანანის-პუდინგის ნარევში; ოდნავ გაცივდეს. ზემოდან დაასხით შოკოლადის ფენა; გაციება. სუფრაზე მიტანის წინ მოაყარეთ შოკოლადის კულულები ან დაქუცმაცებული პიტნის კანფეტი სურვილისამებრ და მოაცილეთ ალუმინის ფოლგის საყელო

80. შავი ტყის სუფლე

მზადდება : 1 პორცია

ინგრედიენტები:

- 16 უნცია მჟავე ალუბალი,
- დრენირებული (სარეზერვოსითხე)
- 5 სუფრის კოვზი კონიაკი (სურვილისამებრ)
- 4 კვადრატი (თითო1 უნცია) გამოცხობა
- შოკოლადი
- 2 კონვერტი უგემოვნო
- ჟელატინი
- 3 კვერცხი, გამოყოფილი
- 1 ქილა (14 უნცია) ტკბილი შედედებული
- რძე
- 1½ ჩაის კოვზი ვანილი
- 1 ჭიქა მილნოტი

ალუბალი დაჭერით და დამარინადეთ კონიაკში (ან ალუბლის სითხეში). დაასველეთ ჟელატინი ½ ჭიქა ალუბლის წვენში. კვერცხის გული ოდნავ ათქვიფეთ შეურიეთ ტკბილი რძე და ჟელატინი. გააცხელეთ დაბალ ცეცხლზე, სანამ ჟელატინი არ დაიშლება; დაამატეთშოკოლადი და გააცხელეთსანამ არგადნება და მასა ოდნავ შესქელდება. აურიეთ ალუბალი და ვანილი; გაცივდეთ სანამ კოვზიდან ჩამოსხმისას ნარევი ოდნავ არ ადუღდება. ათქვიფეთმილნოტი და კვერცხის ცილა, სანამ მასა არ შეინარჩუნებს მყარპიკებს.

მოაყარეთ ჟელატინის ნარევში. ჩაასხით 1 ლიტრიანი სუფლეს ჭურჭელში 3 დიუმიანი საყელოთი. გაცივდეთ სანამ არგამაგრდება, რამდენიმე საათი ან მთელი ღამით ამოიღეთ საყელო; მორთეთ ალუბლით შოკოლადის კულულებითან ათქვეფილი ზემოდან.

81. ბლენდერის სუფლე

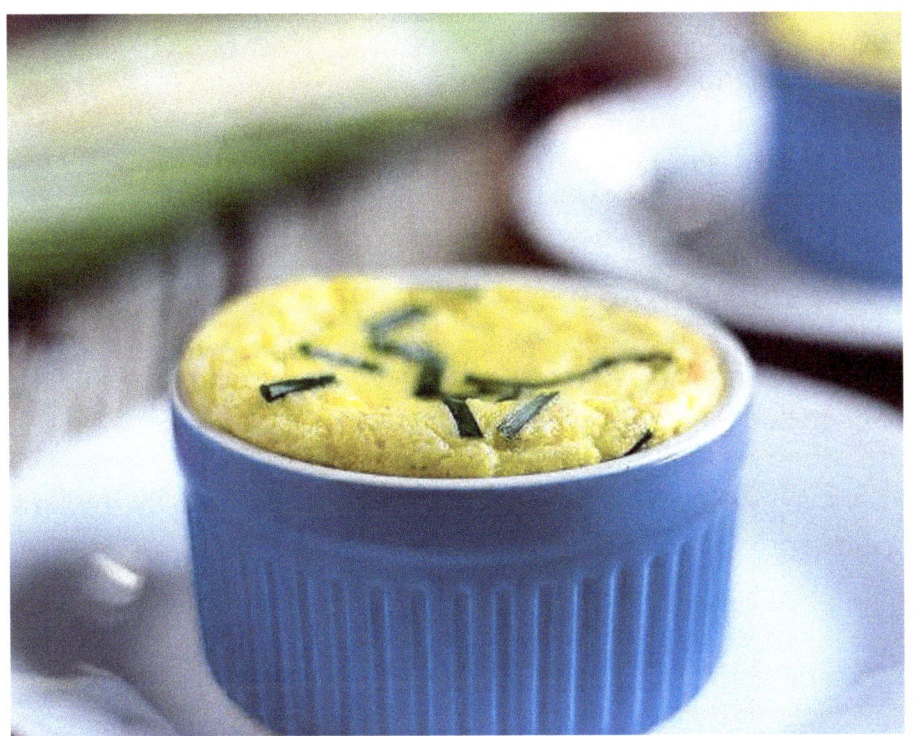

მზადდება: 4 პორცია

ინგრედიენტები:

8 უნცია მკვეთრი ჩედარი ყველი
1 ჩაის კოვზი მარილი
10 ნაჭერი პური, კარაქით/კუბიკებად დაჭრილი
4 კვერცხი
2 ჭიქა რძე
1 ჩაის კოვზი ფრანგული კრემის მდოგვი
(შეიძლება ჩაანაცვლოს ½ ტ მშრალი მდოგვი) ყველი დავჭრათ ნაჭრებად შეურიეთ ყველა ინგრედიენტი ბლენდერში. ჩართეთ მაღალ სიჩქარით სანამ კარგად არ აირევა.

გამოაცხვეთ ცხიმწასმულ თავდახურულ 1-½ კვტტაფაზე 1 საათის განმავლობაში 350 გრადუსზე.

82. ბლინცის სუფლე

მზადდება: 8 პორცია

ინგრედიენტები:

- 8 უნცია კრემის ყველი; დარბილდა
- 2 ჭიქა ხაჭო, პატარა ხაჭო
- 2 კვერცხის გული
- 1 სუფრის კოვზი შაქარი
- 1 ჩაის კოვზი ვანილის ექსტრაქტი
- 6 კვერცხი
- 1½ ჭიქა არაჟანი
- ⅔ ჭიქა შაქარი
- 2 სუფრის კოვზი სიმინდის სახამებელი
- 1 ცალი დარიჩინი, დაფქული
- 1 ტირე მუსკატის კაკალი, დაფქული
- დახლმომზადების დრო: 1:15
- ½ ჭიქა ფორთოხლის წვენი
- ½ ჭიქა კარაქი; დარბილდა
- 1 ჭიქა ფქვილი
- ⅓ ჭიქა შაქარი
- 2 ჩაის კოვზი გამაფხვიერებელი
- 1 ჩაის კოვზი ფორთოხლის კანი; გახეხილი
- 1 ჭიქა; წყალი
- 1 ჭიქა მოცვი; ახალი
- 2 სუფრის კოვზი ლიმონის წვენი

ბლინცები: პატარა თასში შეურიეთ ყველი, კვერცხის გული, 1 ტ შაქარი და ვანილი; ათქვიფეთ ელექტრო მიქსერის საშუალო სიჩქარით სანამ არ გახდება გლუვი.

ნარევი გვერდზე გადადეთ

ელექტრო ბლენდერის კონტეინერში შეურიეთ6 კვერცხი, არაჟანი, ფორთოხლის წვენი და კარაქი; აურიეთ სანამ გლუვი. დაამატეთ ფქვილი, ⅓ ჭიქა შაქარი, გამაფხვიერებელი და ფორთოხლის კანი; აურიეთ სანამ გლუვი. ნახევარი ცომი დაასხით ცხიმწასმულ 13"x9"x2" საცხობ ფორმაში. თანაბრად დაასხით კრემ-ყველის ნარევი ცომზე და ფრთხილად დაასხით დანით დარჩენილი ცომი დაასხითნაღების ყველის ნარევს. გამოაცხვეთ350 გრადუსზე 50-60 წუთის განმავლობაში, ან შესიებამდე და ოქროსფერამდე მიირთვით დაუყოვნებლივ.

მოცვის სოუსი: მძიმე ქვაბში შეურიეთ შაქარი, სიმინდის სახამებელი, დარიჩინი და მუსკატის კაკალი. თანდათან აურიეთ წყალში. მოხარშეთ საშუალო ცეცხლზე, მუდმივად ურიეთ სანამ ნარევი ადუღებამდე არ მიდის. ადუღეთ1 წუთი; მოურიეთ მოცვი და ლიმონის წვენი. მიირთვით თბილი.

83. ლურჯი ყველის სუფლე

მზადდება: 6 პორცია

ინგრედიენტები:

- 1 კონვერტი უგემოვნო ჟელატინი
- 2 სუფრის კოვზი მაგარი წყალი
- 4 სუფრის კოვზი ტკბილი კარაქი
- 4 უნცია კრემის ყველი
- 4 უნცია ლურჯი ყველი - დარბილებული
- 1 კვერცხი - გამოყოფილი
- 1 ჩაის კოვზი დიჟონის მდოგვი
- ½ ჭიქა მძიმე კრემი - ათქვეფილი
- ლურჯი ყველის სოუსი

a) დარბილეთ ჟელატინი გრილ წყალში, შემდეგ ნაზად ურიეთ დაბალ ცეცხლზე, რომ გაიხსნას. კვების პროცესორის ან ელექტრო მიქსერის საშუალებით ათქვიფეთ კარაქი და ყველი, დავამატოთ კვერცხის გული, მდოგვი და ჟელატინი.
b) კვერცხის ცილა ათქვიფეთ გამაგრებამდე, მაგრამ არა გაშრობამდე და ნაზად მოაყარეთ ნარევში.
c) შემდეგ მოაყარეთ ათქვეფილი ნაღები. მოამზადეთ 1 ფინჯანი სუფლეს კერძი ზეთიანი ცვილის ქაღალდთან ფოლგით ჭურჭელს ძაფით მიამაგრეთ
d) კოვზით ჩაასხით ნარევი ჭურჭელში ისე, რომ გვერდებზე ამოვიდეს და საყელოს ზევით ავიდეს.
e) გააცივეთ რამდენიმე საათის განმავლობაში ან ღამით
f) ამოიღეთ საყელო და მიირთვით კრეკერებთან ან უმი ბოსტნეულით

84. მოცვის ლიმონის სუფლეს ღვეზელი

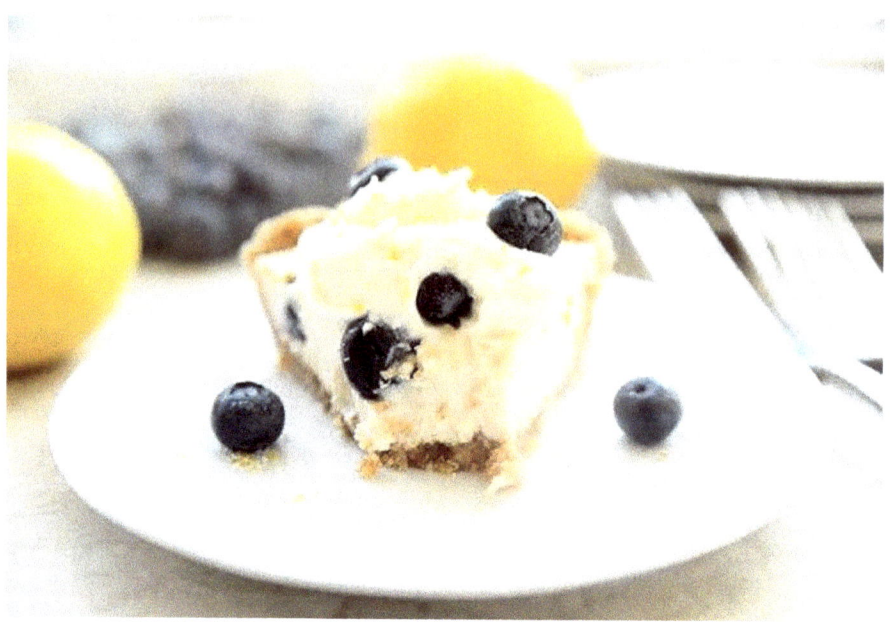

მზადდება: 4 პორცია

ინგრედიენტები:
3 ჭიქა მოცვი, მოგრეფილი
1 სუფრის კოვზი წუთანი ტაპიოკა
6 სუფრის კოვზი გრანულირებული შაქარი
3 დიდი კვერცხი, გამოყოფილი
7 სუფრის კოვზი უხვი შაქარი
¼ ჭიქა პლუს 3 სუფრის კოვზი ახალი
ლიმონის წვენი (4 ლიმონი)
2 ლიმონის გახეხილი ცედრა
⅛ ჩაის კოვზი მარილი
1 გამომცხვარი ფანტული ლევეზელი

გააცხელეთ ღუმელი 400 გრადუსზე. არარეაქტიულ ქვაბში მოაყარეთ მოცვი ტაპიოკასა და გრანულირებულ შაქრით გააჩერეთ 5-10 წუთი, აურიეთ ერთხელ ან ორჯერ რათა დარბილდეს ტაპიოკა. მოხარშეთ ზომიერად მაღალ ცეცხლზე, დროდადრო ურიეთ სანამ ნარევი ადუღებამდე არ მიდის. გადმოდგით ცეცხლიდან. ჩაასხით თასზე დაყენებულ უჟანგავი ფოლადის საწურში. შეინახეთ გამოწურული წვენები.

ელექტრული მიქსერით ათქვიფეთ კვერცხის გული 4 სუფრის კოვზ შაქართან ერთად გაფერმკრთალებამდე და სქელამდე, დაახლოებით 2 წუთის განმავლობაში. თანდათან ათქვიფეთ ლიმონის წვენი და შემდეგ ცედრა. გადაიტანეთ ნარევი არარეაქტიულ ქვაბში და მოხარშეთ დაბალ ცეცხლზე, მუდმივად ურიეთ რეზინის სპატულით სანამ არ შესქელდება, დაახლოებით 8 წუთი; არ მოხარშოთ

გაფცქვენით თასში და დააყენეთ თაროზე გასაციებლად დაძაბულობა.

სუფთა საფქვავებით ათქვიფეთ კვერცხის ცილა ქაფამდე. დაუმატეთ მარილი და ათქვიფეთ რბილი მწვერვალების ჩამოყალიბებამდე. დაამატეთ დარჩენილი 3 სუფრის კოვზი წვრილად შაქარი, ½ სუფრის

კოვზი ყოველჯერზე, კარგად ათქვიფეთ ყოველი დამატების შემდეგ. ათქვიფეთ მაღალი სიჩქარით სანამ ცომი არ გახდება პრიალა, მაგრამ არა მშრალი, დაახლოებით 20 წამით მეტი. რეზინის სპატულის გამოყენებით ათქვეფილი თეთრების მესამედი აურიეთ გულთან ნარევში. ნაზად მოაყარეთ დარჩენილი თეთრები. ჩაასხით მოცვი გამომცხვარ ტორტის ნაჭუჭში და დაასხით 2½ სუფრის კოვზი გამოწურული წვენი. მოაყარეთ სუფლეს ნარევი კენკრაზე; ნაზად გაანაწილეთ კენკრის დასაფარად გარშემო ტორტის ქერქთან შეხებით გამოაცხვეთ შუა ღუმელში დაახლოებით 15 წუთის განმავლობაში, სანამ ზემოდან კარგად არ დაიბრაწება. ღვეზელი გადაიტანეთ თაროზე, რომ ოდნავ გაცივდეს. მიირთვით თბილი ან ოთახის ტემპერატურაზე.

85. ბრაუნის სუფლე პიტნის კრემით

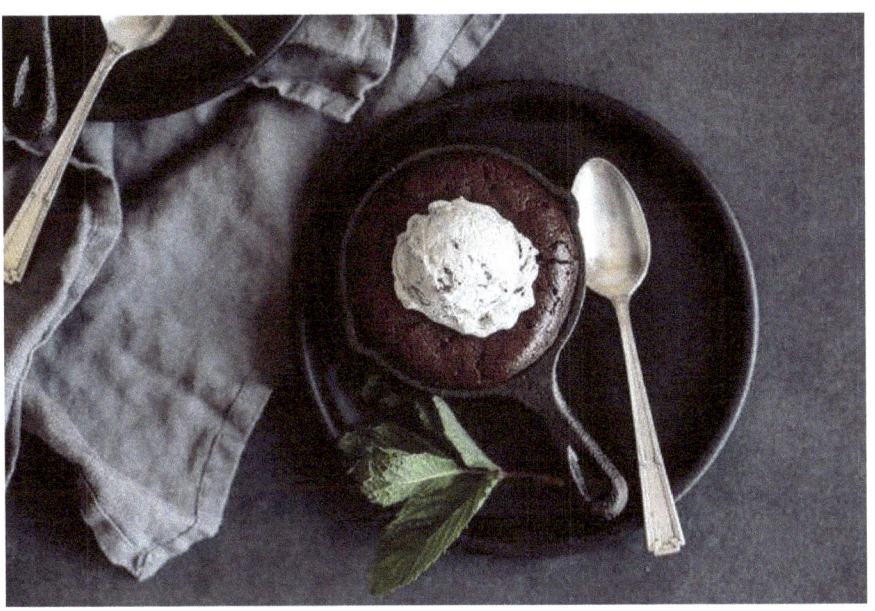

მზადდება: 12 პორცია

ინგრედიენტები:

- ⅔ ჭიქა ათქვეფილი კრემი
- 3 უნცია თეთრი შოკოლადი; წვრილად ჭრილი
- ¼ ჩაის კოვზი რომის ექსტრაქტი; ან გემოვნებით
- 1 შეკვრა Pillsbury Rich & Moist Brownie Mix
- ½ ჭიქა წყალი
- ½ ჭიქა ზეთი
- ½ ჩაის კოვზი პიტნის ექსტრაქტი (სურვილისამებრ); ან მეტი გემოვნებით
- 4 კვერცხი; გამოეყო
- □აქრის ფხვნილი
- პიტნის ყლორტები; გარნირებისთვის

a) შეასხურეთ 9 ან 10 დიუმიანი ზამბარის ფორმის ტაფა არაწებოვანი სამზარეულოს სპრეით
b) მიკროტალღოვანი კრემი მაღალტემპერატურაზე 45-60 წამის განმავლობაში ან სანამ არ გახურდება. დაამატეთ თეთრი შოკოლადი და პიტნის ექსტრაქტი; ურიეთ სანამ შოკოლადი არ გადნება.
c) შედგით მაცივარში მინიმუმ ერთი საათით სანამ კარგად არ გაცივდება.
d) ამასობაში lge-ში. თასი, შეურიეთბრაუნის მიქსი, წყალი, ზეთი, პიტნის ექსტრაქტი და კვერცხის გული; სცემეს 50 დარტყმა კოვზით პატარა თასში ათქვიფეთ კვერცხის ცილა რბილი მწვერვალების ჩამოყალიბებამდე. თანდათან მოაყარეთ ბრაუნის ნარევში. დაასხითცომი გაფქვეულტაფაში.
e) გამოაცხვეთ375°-ზე ან სანამ ცენტრი თითქმის არგამაგრდება. გააცივეთ30 წუთი. (ცენტრი ოდნავ ჩაიძირება.) ტორტს ზემოდან მოაყარეთშაქრის პუდრა.
f) სუფრასთან მიტანის წინ ათქვიფეთგაცივებული პიტნის კრემი რბილი მწვერვალების ჩამოყალიბებამდე. ნამცხვარი დაჭრათ კუბებად ზემოდან ზემოდან მოაყარეთპიტნის კრემი. მორთეთ პიტნის წყაროებით

86. კარობ-მოყას სუფლე

მზადდება: 4 პორცია

ინგრედიენტები:

- 2 სუფრის კოვზი დარბილებული კარაქი
- 1 სუფრის კოვზი გაუფერულებული თეთრი ფქვილი
- ⅓ ჭიქა რძე
- 4 სუფრის კოვზი თაფლი
- 2 სუფრის კოვზი კარობის ფხვნილი
- 1 სუფრის კოვზი ყავის ლიქიორი ან მარცვლეული ყავა
- 1 ჩაის კოვზი ვანილის ექსტრაქტი
- 1 სუფრის კოვზი Arrowroot ფხვნილი
- 2 სუფრის კოვზი ფორთოხლის წვენი
- 2 კვერცხის ცილა

a) გააცხელეთ ღუმელი 375 გრადუსზე F. 1 სუფრის კოვზი კარაქის გამოყენებით მსუბუქად წაუსვით კარაქი 4 ჭიქის კრემში.
b) პატარა ქვაბში საშუალო ცეცხლზე გაადნეთ დარჩენილი კარაქი. აურიეთ ფქვილი და მოხარშეთ 2 წუთის განმავლობაში, მუდმივად აურიეთ ჩაასხით რძეში და ადუღეთ სანამ ნარევი შესქელდება.
c) გადმოდგით ცეცხლიდან და დაუმატეთ თაფლი, კარობის ფხვნილი, ყავის ლიქიორი და ვანილი. ისარი შეურიეთ ფორთოხლის წვენს და დაუმატეთ კარობის ნარევს.
d) კვერცხის ცილა ათქვიფეთ მყარი მწვერვალების ჩამოყალიბებამდე. მოაყარეთ კარობის ნარევში და ჩაასხით მომზადებული კრემის ჭიქებში. მოათავსეთ კრემის ჭიქები არაღრმა საცხობ ფორმაში და შეავსეთ ცხელი წყლით ტაფის სიმაღლეზე ნახევარზე.
e) აცხვეთ სუფლე, სანამ ოდნავ არ გაფუჭდება და არ გახდება გაზაფხულზე (15-დან 20 წუთამდე). გავაცივოთ და მივირთვათ

87. კარმელის ვაშლის თბილის სუფლე

მზადდება: 10 პორცია

ინგრედიენტები:

2 კონვერტი უგემოვნო ჟელატინი
10 სუფრის კოვზი ყავისფერი შაქარი -- გაყოფილი
3 კვერცხი -- გამოყოფილი
3 ჭიქა რძე
2 ვაშლი, გაფცქვნილი, ბირთვით და დაჭრილი
2 სუფრის კოვზი კარაქი ან მარგარინი
1½ ჩაის კოვზი ვანილის ექსტრაქტი
1½ ჭიქა მძიმე კრემი - ათქვეფილი
½ ჭიქა პეკანი - დაჭრილი

საშუალო ზომის ქვაბში შეურიეთ ჟელატინი 8 ს/კ შაქარს; შეურიეთ რძესთან ერთად ათქვეფილ კვერცხის გულს. გააჩერეთ 1 წთ დადგით დაბალ ცეცხლზე და ურიეთ სანამ ჟელატინი მთლიანად არ დაიშლება, დაახლოებით 5 წუთი. დაამატეთ ვაშლი, კარაქი და ვანილი; განაგრძეთ მომზადება, მუდმივად ურიეთ 5 წუთი ან სანამ ვაშლი არ დარბილდება. ჩაასხით დიდ თასში და გააცივეთ, დროდადრო ურიეთ სანამ ნარევი ოდნავ არ აედება კოვზიდან.

საშუალო ზომის თასში ათქვიფეთ კვერცხის ცილა რბილი მწვერვალების ჩამოყალიბებამდე; თანდათან დაუმატეთ დარჩენილი 2 ს/კ შაქარი და ათქვიფეთ გამაგრებამდე. კვერცხის ცილა მოაყარეთ შემდეგ ათქვიფეთ ნაღები და პეკანი ჟელატინის ნარევში. გადააქციეთ 1 კვტ სუფლეს კერძად 8 დიუმიანი საყელოთი ან 2 კვტ თასით გაგრილებამდე. ამოიღეთ საყელო; მორთეთ სურვილისამებრ დამატებით ვაშლით და პეკანით

88. წაბლის სუფლე

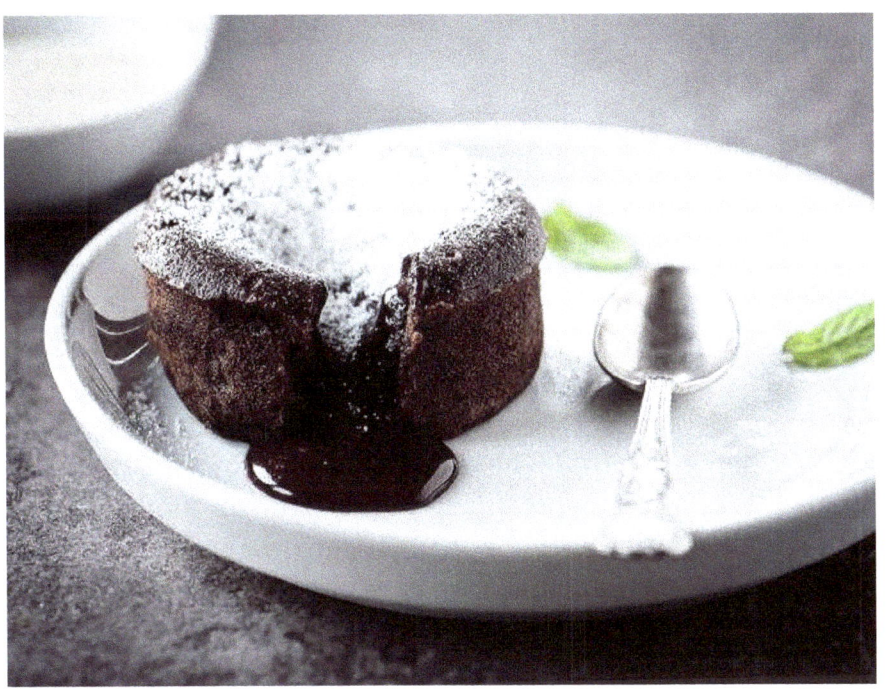

მზადდება: 4 პორცია

ინგრედიენტები:
4 კვერცხის გული
1 ჭიქა უშაქრო წაბლის პიურე
⅓ ჭიქა შაქარი
3 სუფრის კოვზი რძე
1 სუფრის კოვზი კონიაკი
4 კვერცხის ცილა
უშაქრო ათქვეფილი კრემი

პატარა მიქსერის თასში ათქვიფეთ კვერცხის გული სქელამდე და ლიმონის შეღებვამდე, დაახლოებით 5 წუთი; განზე გადადეთ. პატარა მიქსერის თასში ათქვიფეთ პიურე, შაქარი, რძე და კონიაკი, სანამ გლუვდება. კვერცხის გულები ათქვიფეთ კარგად ერთმანეთში. კარგად გაურიეთ ათქვეფილები. დიდ მიქსერის თასში ათქვიფეთ კვერცხის ცილა, სანამ არ ჩამოყალიბდება მყარი მწვერვალები. ათქვეფილი ცილა მოაყარეთ წაბლის ნარევში. გადააქციეთ 1½ ლიტრიანი სუფლეს უცხიმო კერძად გამოაცხვეთ 350F ღუმელში 35-40 წუთის განმავლობაში. მიირთვით დაუყოვნებლივ. ზემოდან მოაყარეთ უშაქრო ათქვეფილი კრემი.

89. შოკოლადის პიტნის სუფლეები

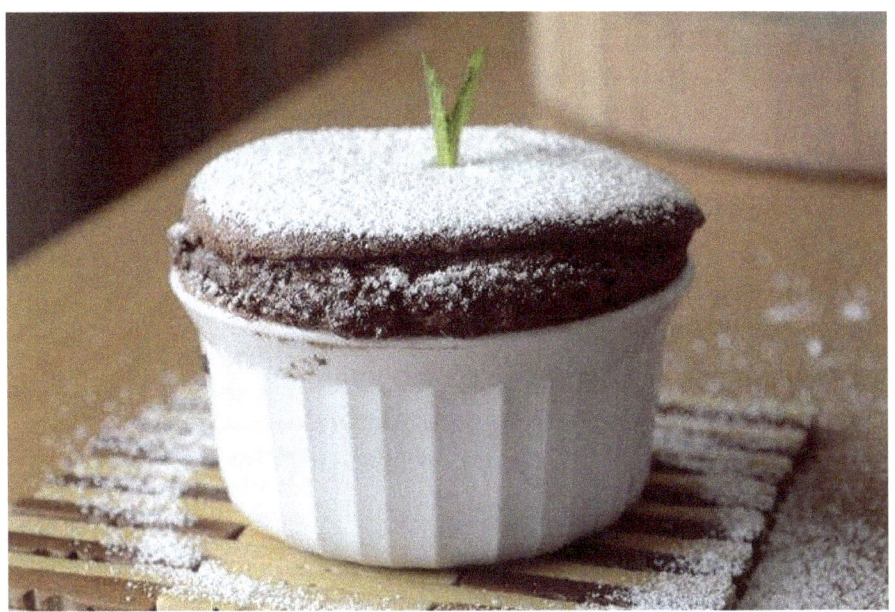

მზადდება: 8 პორცია

ინგრედიენტები:

- 3 სუფრის კოვზი უმარილო კარაქი
- 5 დიდი კვერცხის გული
- 3 სუფრის კოვზი ფქვილი
- 6 დიდი კვერცხის ცილა
- 1 ჭიქა 2% უცხიმორძე
- ¼ ჩაის კოვზი კბილის კრემი
- ¼ ჩაის კოვზი მარილი
- ⅓ ჭიქა პიტნის კანფეტები; დამსხვრეული
- პიტნის კანფეტები; (დაახლოებით3 უნცია)
- 6 უნცია ნახევრად ტკბილი შოკოლადი; დაჭრილი
- ½ ჭიქა წყალი
- ⅔ ჭიქა შაქარი
- 1 ჩაის კოვზი ვანილის - შოკოლადის-პიტნის სოუსი ---
- 1 ჭიქა ათქვეფილი ნაღები
- 1 ჭიქა პიტნის კანფეტები; დამსხვრეული
- ¼ ჭიქა წყალი
- 6 უნცია ნახევრად ტკბილი შოკოლადი; დაჭრილი

a) გააცხელეთ ღუმელი 400¼-მდე. წაუსვით კარაქი რვა 1 ¼ ჭიქა სუფლეს კერძს. მოაყარეთ შაქარი; ჭარბი ამოღება. მოათავსეთ ფორმები დიდ საცხობ ფირფიტაზე. გაადნეთ კარაქი საშუალო ქვაბში საშუალო ცეცხლზე. დაუმატეთ ფქვილი. ათქვიფეთ სანამ ნარევი არ გახდება გლუვი და ბუშტუკები, დაახლოებით2 წუთი. გაზარდეთ სითბო საშუალო-მაღალზე.

b) თანდათან ათქვიფეთ რძეში. მიიყვანეთ ადუღებამდე, მუდმივად აურიეთ ადუღეთ სანამ სქელი და გლუვი გახდება, დაახლოებით1 წუთი. შეურიეთ მარილი. გადმოდგით ცეცხლიდან. შოკოლადში ათქვიფეთ სანამ არ გადნება. დაამატეთ წყალი, ⅓ ჩ შაქარი და ვანილი; ათქვიფეთ სანამ არ გახდება. გააცივეთ ოთახის ტემპერატურამდე, დაახლოებით 25 წუთი. ათქვიფეთ კვერცხის გული.

c) ელექტრო მიქსერით ათქვიფეთ კვერცხის ცილა და ტარტარის კრემი დიდ თასში რბილი მწვერვალების ჩამოყალიბებამდე. ნელ ნელა დაუმატეთ⅓ ჩ შაქარი, ათქვიფეთ სანამ არ გახდება მყარი და პრიალა. ¼ კვერცხის ცილა მოაყარეთ შოკოლადის ნარევში. ნაზად მოაყარეთ შოკოლადის ნარევი დარჩენილ თეთრებად 3 დამატებით

d) ნარევი გაყავით მომზადებულ კერძებს შორის (შევსება თითქმის ზევით მიაღწევს).

e) სუფლეებს მოაყარეთ დაქუცმაცებული კანფეტი. (შეიძლება დამზადდეს 3 დღით ადრე. შეფუთეთ ფოლგაში და გაყინეთ არ გალღობით გამოცხობის წინ გადაფარეთ სახურავი.) სოუსისთვის: საშუალო ზომის ქვაბში შეურიეთ ნაღები, კანფეტი და წყალი. ურიეთ საშუალო ცეცხლზე, სანამ კანფეტი არ გაქრება. გადმოდგით ცეცხლიდან. დაუმატეთ შოკოლადი და ურიეთ სანამ არ გაქრება და გლუვი გახდება. მიირთვით თბილი ან ოთახის ტემპერატურაზე.

f) გააცხელეთ ღუმელი 400¼-მდე. გამოაცხვეთ მანამ, სანამ სუფლეები არ გაფუჭდება და შეხებაზე თითქმის მკვრივი, მაგრამ მაინც რბილია ცენტრში, დაახლოებით 30 წუთი გაყინვისთვის, 40 წუთი გაყინვისთვის. მიირთვით დაუყოვნებლივ შოკოლადის პიტნის სოუსით

90. შოკოლადის ხრაშუნა სუფლე

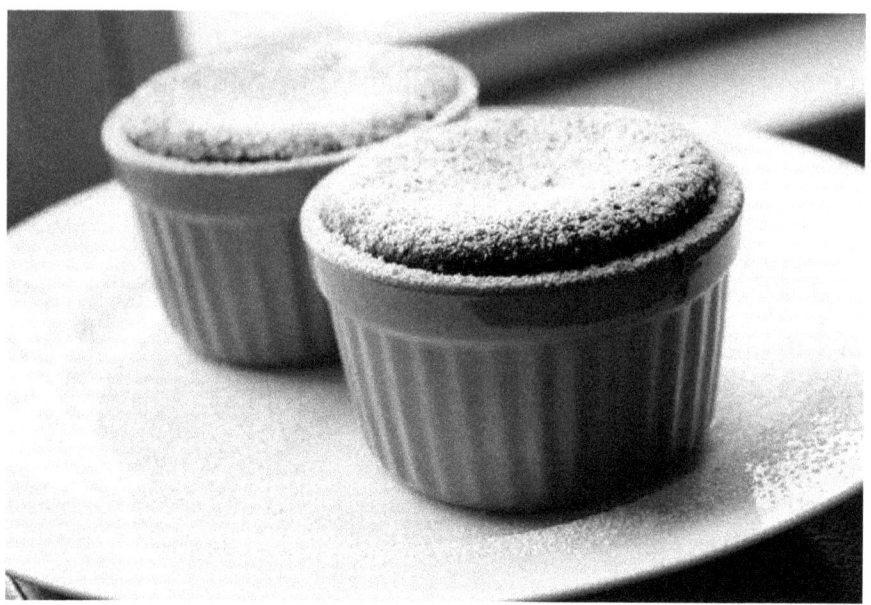

მზადდება: 4 პორცია

ინგრედიენტები:

- 1 სუფრის კოვზი უმარილო კარაქი
- 8 სუფრის კოვზი გრანულირებული შაქარი
- 6 უნცია ნახევრადტკბილი შოკოლადი, გატეხილი
- 1/2 უნცია ნაჭრებად
- 2 უნცია უშაქრო შოკოლადი,
- გატეხილი 1/2-უნცია
- □აჭრები
- 4 დიდი კვერცხის გული
- ¼ ჭიქა მძიმე კრემი
- 8 დიდი კვერცხის ცილა
- 3 ღრმა მუქი შოკოლადის ფუჯი
- ნამცხვრები, დაჭრილი დუიმის ნაჭრებად
- ½ ჭიქა ნახევრადტკბილი შოკოლადის ჩიფსები

a) გააცხელეთ ღუმელი 350 გრადუსზე.
b) თითოეული სუფლეს ჭიქის შიგნით მსუბუქად შეაზავეთ კარაქი.
c) თითოეული ჭიქის შიგნით მოაყარეთ 1½ ჩაის კოვზი გრანულირებული შაქარი. დააყენეთ საჭიროებამდე. გააცხელეთ 1 ინჩი წყალი ორმაგი ქვაბის ქვედა ნახევარში საშუალო ცეცხლზე.
d) ორმაგი ქვაბის ზედა ნახევარში მოათავსეთ ნახევრადტკბილი და უშაქრო შოკოლადი.
e) მჭიდროდ დაფარეთ ზემოდან პლასტმასის საფარით გააცხელეთ 6-დან 8 წუთის განმავლობაში.
f) გადმოიღეთ ცეცხლიდან და ურიეთ ერთგვაროვანი მასის მიღებამდე.
g) გადაიტანეთ შოკოლადი დიდ უჟანგავი ფოლადის თასში. ათქვიფეთ ათქვიფეთ კვერცხის გულები და ცხიმიანი ნაღები, სანამ კარგად არ გაერთიანდება. დააყენეთ განზე.
h) კვერცხის ცილა მოათავსეთ ელექტრომიქსერის თასში, რომელიც აღჭურვილია ბუშტის ათქვეფილით აურიეთ მაღლა, სანამ რბილი მწვერვალები არ ჩამოყალიბდება, დაახლოებით 1 წუთი.

i) დაამატეთ დარჩენილი შაქარი და განაგრძეთ თქვეფა მაღალზე, სანამ არ ჩამოყალიბდება მყარი მწვერვალები, დაახლოებით 45-დან 50 წამამდე. ამოიღეთ თასი მიქსერიდან.

j) გამოიყენეთ რეზინის სპატულა, რომ ათქვეფილი კვერცხის ცილების დაახლოებით ¼ მოაყარეთ გამდნარ შოკოლადის ნარევში, შემდეგ მოაყარეთ დარჩენილი ცილა.

k) თანაბრად გაყავით სუფლეს ნარევი მომზადებულ სუფლეს ჭიქებში, შეავსეთ ისინი ჭიქის კიდეზე ½ ინჩის ქვემოთ თანაბრად გაყავით და მოაყარეთ ფუნდუკების ნაჭრები და შოკოლადის ჩიფსები სუფლეს ნარევის თავზე.

l) სუფლეები მოათავსეთ წინასწარ გახურებული ღუმელის ცენტრალურ თაროზე.

m) გამოაცხვეთ სანამ ცენტრში ჩასმული კბილი სუფთა არ გამოვა, დაახლოებით 22-26 წუთის განმავლობაში. გამოიღეთ ღუმელიდან და მიირთვით დაუყოვნებლივ.

91. ცივი ხილის სუფლე

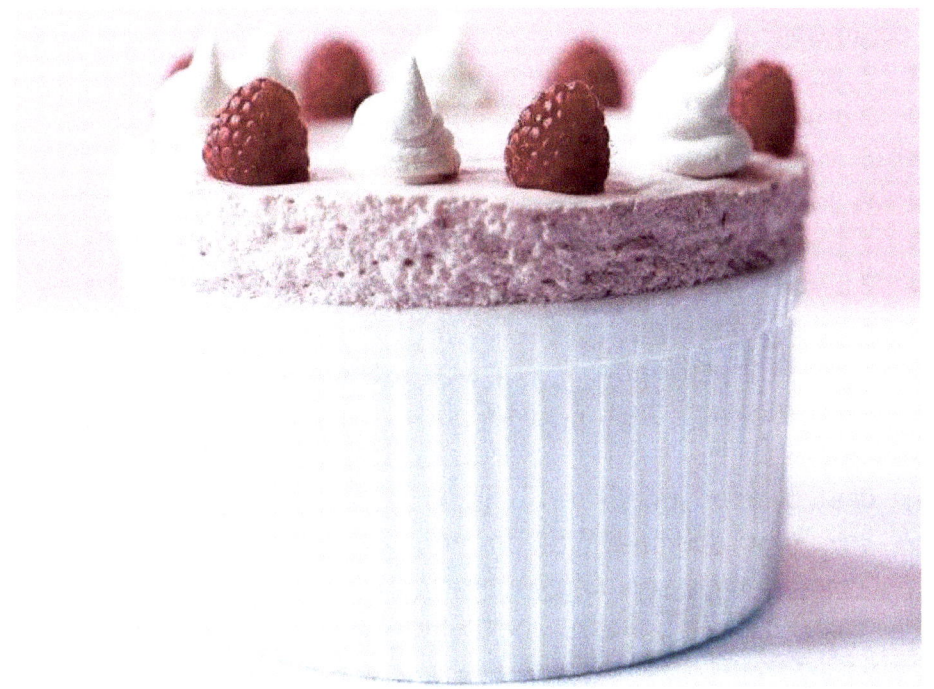

მზადდება: 1 პორცია

ინგრედიენტები:

- 1 კონვერტი უგემოვნო ჟელატინი
- 2 სუფრის კოვზი ლიმონის წვენი
- 6 კვერცხის გული
- ⅓ ჭიქა თაფლი
- 1 ჭიქა დაფქული ხილი
- 2 სუფრის კოვზი Grand Marnier ლიქიორი
- 6 კვერცხის ცილა; სცემეს მაგრად
- 1 ჭიქა მძიმე კრემი; ათქვეფილი გარნირი--
- ახალი ხილი და პიტნის ყლორტები

a) მოამზადეთ 1 ლიტრიანი სუფლის კერძი საყელოთი. შეარბილეთ ჟელატინი ლიმონის წვენში. ორმაგი ქვაბის თავზე ათქვიფეთ კვერცხის გული და თაფლი გლუვი და სქელამდე.

b) დადეთ ცხელ წყალზე, დაუმატეთ დარბილებული ჟელატინი და განაგრძეთ თქვეფა.

c) დაუმატეთ ხილის პიურე და ლიქიორი და ურიეთ სანამ არ გასქელდება. მაგარია.

d) მოაყარეთ კვერცხის ცილა, შემდეგ ათქვიფეთ ნაღები. ჩაასხით მომზადებული სუფლეს ჭურჭელში და გააცივეთ მინიმუმ ოთხი საათის განმავლობაში. როდესაც მზად იქნება მიირთვათ ამოიღეთ საყელო და მორთეთ ხილით

92. Crockpot ყველის სუფლე

მზადდება: 1 პორცია

ინგრედიენტები:

- 8 ნაჭერი პური
- 8 უნცია გახეხილი ყველი
- 4 კვერცხი
- 1 ჭიქა რძე
- 1 ჭიქა აორთქლებული რძე
- ¼ ჩაის კოვზი მარილი
- 1 სუფრის კოვზი ოხრახუში
- პაპრიკა
- 1 ჭიქა მოხარშული ხორცი (სურვილისამებრ) ლორი

a) ქვაბს მსუბუქად წაუსვით ცხიმი.
b) ფენა პური, ყველი და ხორცი (თუ იყენებთ).
c) ათქვიფეთ კვერცხი, რძე, აორთქლებული რძე, მარილი და ოხრახუში.
d) ჩაასხით ქვაბში პური და ყველი.
e) ზემოდან მოაყარეთ პაპრიკა.
f) დააფარეთ და ადუღეთ დაბალ სითბოზე 3-4 საათის განმავლობაში.

93. Daiquiri სუფლე

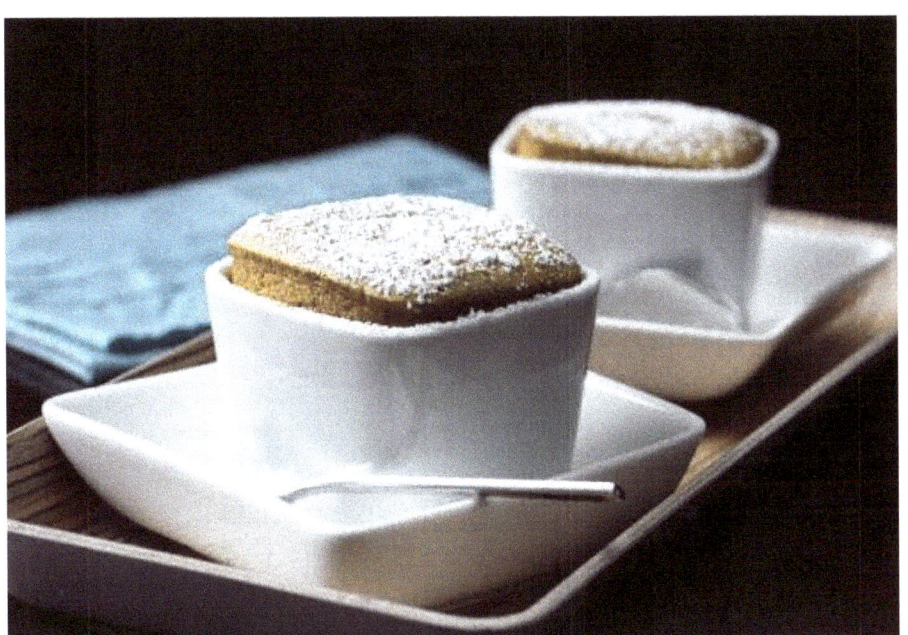

მზადდება: 4 პორცია

ინგრედიენტები:

½ ჭიქა ცივი წყალი
1 სუფრის კოვზი უგემოვნო ჟელატინი
4 დიდი კვერცხი, გამოყოფილი
¾ ჭიქა შაქარი
თითო 1 ცალი ლიმონის და ლაიმის კანი
2 სუფრის კოვზი ლაიმის წვენი
2 სუფრის კოვზი ლიმონის წვენი
4 სუფრის კოვზი მსუბუქი რომი
1 ჭიქა ათქვეფილი ნაღები

ჩაასხით წყალი ტაფაში. ზემოდან მოაყარეთ ჟელატინი; გააჩერეთ მინიმუმ 5 წუთი. კვერცხის გული და შაქარი ათქვიფეთ გაფერმკრთალებამდე და აფუებულდ დამატეთ ცაცხვი და ლიმონის ქერქი; აურიეთ და საბლენდერებლად მოამზადეთ ჟელატინის ნარევი დაბალ ცეცხლზე, სანამ არ დაიშლება. დაამატეთ კვერცხის გული; მოამზადეთ ნაზად მუდმივად ურიეთ 3-დან 5 წუთის განმავლობაში. არ დაუშვათ ნარევი ადუღდეს, თორემ შეიძლება დადუღდეს.

ამოიღეთ ცეცხლიდან; აურიეთ რომი, ლიმონი და ლაიმის წვენები. გააგრილეთ სანამ ჯერ არ დაიწყება გელი. ამის დაჩქარება შესაძლებელია ყინულის საწოლზე თასის დაყენებით დროდადრო ურიეთ რომ ჟელე არ წარმოიქმნას. თასში ათქვიფეთ კრემი რბილი მწვერვალების ჩამოყალიბებამდე. ათქვეფილი ნაღები და ათქვეფილი კვერცხის ცილა მოაყარეთ ჟელატინის ნარევში. ჩაასხით მომზადებულ ვერძში. გაცივება.

გააფორმეთ ათქვეფილი კრემით იისფერით და ლაიმის ნაჭრებით

94. ღრა მბურს სუფლე

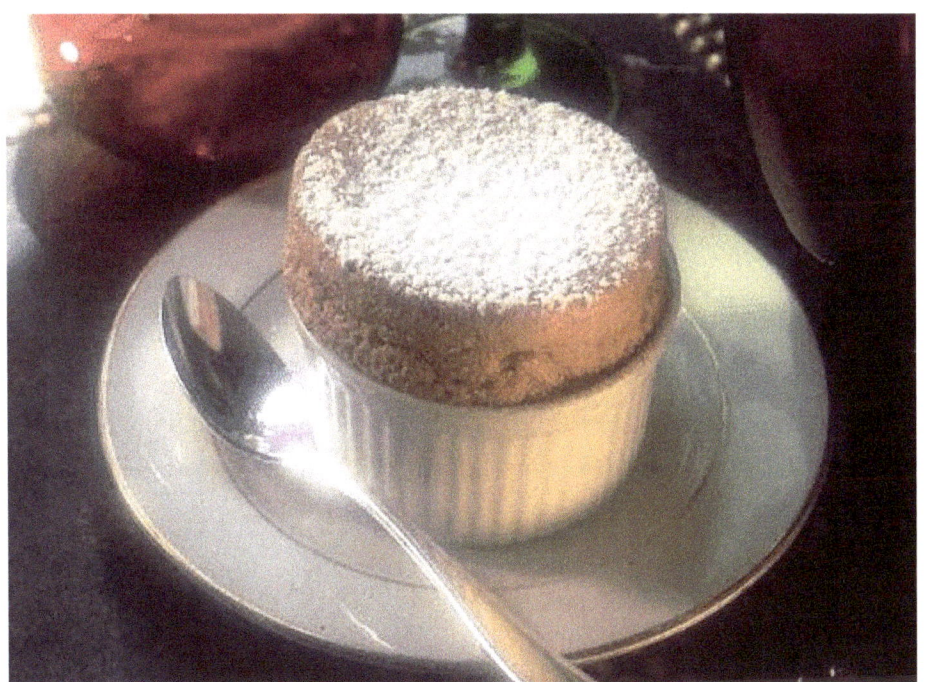

მზადდება: 4 პორცია

ინგრედიენტები:

4 დიდი კვერცხი; გამოყო
1 უნცია კარაქი
1 უნცია ჩვეულებრივი ფქვილი
¼ pint რძე
3 უნცია შაქრის შაქარი
4 სუფრის კოვზი Drambuie
□ანილის ესენცია

მიუხედავად იმისა, რომ ეს სუფლე გემრიელია თავისთავად ცალ კრემთან ერთად სცადეთ(შოტლანდიური) ქილისგან დამზადებული სოუსით- კომბინაცია შესანიშნავადიპოვით

სუფლეს კერძს მსუბუქადწაუსვითკარაქი (4 პორციაზე 2 ცალი) და მოაყარეთშაქრის მოყრა.

გაადნეთ კარაქი, აურიეთ ფქვილი, გადმოდგით ცეცხლიდან და თანდათან აურიეთ რძეში. როდესაც სოუსი გლუვი გახდება, დააბრუნეთცეცხლზე და მიიყვანეთადუღებამდე, რომ შესქელდეს, მუდმივად ურიეთ სათითაოდ აურიეთ კვერცხის გული, შემდეგ ათქვიფეთშაქარში დრამბუის და ვანილის ესენციით

კვერცხის ცილა ათქვიფეთრბილმწვერვალებამდე, შემდეგ ლითონის კოვზითმსუბუქადდა სწრაფადმოაყარეთსოუსის ნარევში.

გადააბრუნეთსუფლე ჭურჭელში და გამოაცხვეთშუა ღუმელში 375 F ტემპერატურაზე დახლოებით40 წუთის განმავლობაში ან სანამ კარგადარამოსული და ოქროსფერი არგახდება.

ზემოდან მოაყარეთცოტაოდენი შაქარი და მიირთვით

95. გაყინული გრანდმარნიეს სუფლე

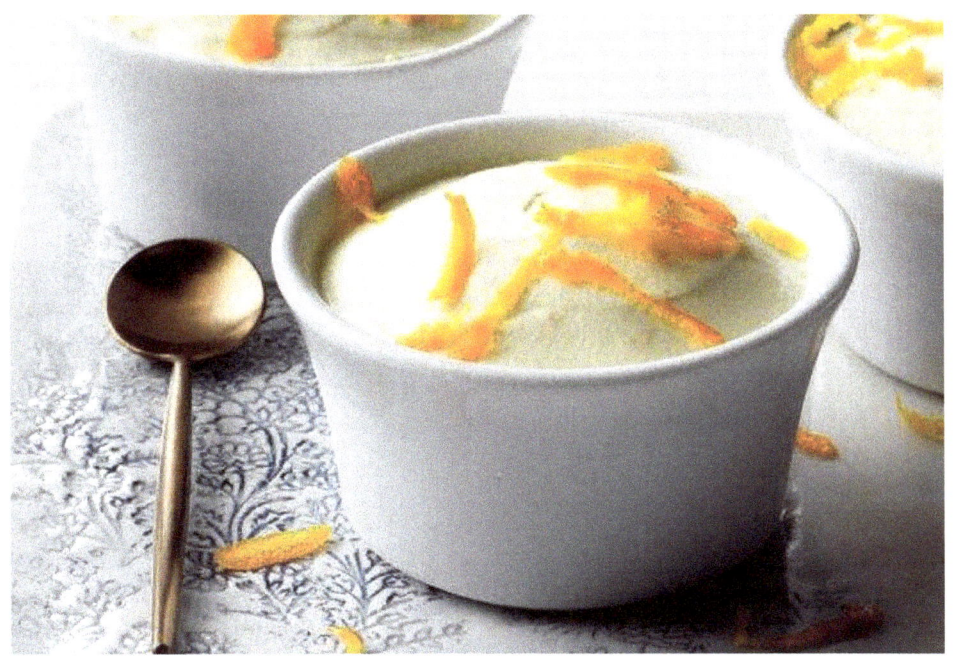

მზადდება: 4 პორცია

ინგრედიენტები:

5 მთლიანი კვერცხი

¼ ჭიქა გრანულირებული შაქარი, დამატებით დამატებით ჭურჭლის მტვრის მოსაშორებლად

დარბილებული კარაქი

1 ჭიქა მძიმე კრემი, პლუს

½ ჭიქა მძიმე კრემი

3 სუფრის კოვზი საკონდიტრო შაქარი

¼ ჭიქა Grand Marnier

2 სუფრის კოვზი ფორთოხლის ცედრა

½ ჭიქა ფორთოხლის სეგმენტები

შეუთავსეთ კვერცხი და გრანულირებული შაქარი უჟანგავი ფოლადის ორმაგი ქვაბის თავზე და, ფრთხილად იყავით რომ არ ათქვიფეთ კვერცხები, ათქვიფეთ ნელ ცეცხლზე, სანამ ნარევი არ გახდება ოქროსფერი და საკმარისად სქელი, რომ კოვზის უკანა ნაწილი ლენტებით დაიფაროს. გადმოდგით ცეცხლიდან და გადადგით ნარევი გასაგრილებლად

სანამ კვერცხის ნაზავი გაცივდება, მოამზადეთ ოთხი ½ ჭიქა სუფლეს კერძი, ცვილის ქაღალდის დაჭერით იმდენი ხანგრძლივად რომ თითოეული სუფლეს კერძი ორჯერ შემოიხვიოს და დადგით ზემოდან 3-დან 4 ინჩამდე. ცვილის ქაფი მჭიდროდ შემოახვიეთ ჭურჭლის გარედან და კიდეები გამჭვირვალე ლენტით დაახურეთ ჭურჭლის შიგნიდან შეზეთეთ დარბილებული კარაქი, შემდეგ მოაყარეთ გრანულირებული შაქარი, თეფშზე დასხით ზედმეტი შაქარი.

ელექტრო მიქსერის გამოყენებით აურიეთ 1 ჭიქა მძიმე ნაღები, საკონდიტრო შაქარი და Grand Marnier, ფორთოხლის ცედრა და ათქვიფეთ მყარ მწვერვალებად. სპატულით ნაზად მოაყარეთ ათქვეფილი ნაღები კვერცხის ნარევში. მიღებული ნაზავი ჩაასხით კარაქიან სუფლეს ჭურჭელში, შეავსეთ ისინი კეფის ზემოთ და ცვილის ქაღალდით დახურულ დონის.

მოათავსეთ სუფლეები საყინულეში, მინიმუმ 4 საათით სასურველია ღამით როდესაც მზად ხართ მიირთვათ ათქვიფეთ დარჩენილი კრემი რბილი მწვერვალების ჩამოყალიბებამდე, ამოიღეთ გაყინული სუფლოდან საყინულედან და ფრთხილად მოიღეთ ცვილის ქაღალდის საყელო. ზემოდან მოაყარეთ ათქვეფილი ნაღები და რამდენიმე ფორთოხლის სეგმენტი.

96. ხილს ნამცხვრის სუფლეები

მზადება : 1 პორცია

ინგრედიენტები:

3 სუფრის კოვზი გრანულირებული შაქარი პლუს დამატებით

; რამეკინების დაფქვევა

1½ ჭიქა დამსხვრეული ხილის ნამცხვარი

¾ ჭიქა დამსხვრეული თეთრი პური

½ ჭიქა რძე

3 დიდი კვერცხი; გამოყო

2 სუფრის კოვზი საკონდიტროშაქარი

a) წაუსვით კარაქი რვა 1 ჭიქა რამეკინს და მოაყარეთ დამატებითი გრანულირებული შაქარი. პატარა თასში კარგად აურიეთ ხილის ნამცხვარი, პური და რძე და დატოვეთ ნარევი, თავდახურული ოთახის ტემპერატურაზე 15 წუთის განმავლობაში.
b) ლითონის თასში პორტატული ელექტრო მიქსერით ათქვიფეთ გულები და დარჩენილი 3 სუფრის კოვზი გრანულირებული შაქარი, სანამ ნარევი კარგადარ ერთიან, დადგით თასი ადუღებულ წყალზე და ათქვიფეთნარევი სქელდა ფერმკრთალმდე.
c) ამოიღეთ თასი ტაფიდან და ათქვიფეთხილის ნამცხვრის ნარევში.
d) თასში ათქვიფეთ ცილა ქაფამდე, ათქვიფეთ საკონდიტრო შაქარში, გაცრილი და ათქვიფეთცილა, სანამ არ დაიჭერს მყარ მწვერვალებს. ნაზად მაგრამ საფუძვლიანად მოაყარეთ მერინგი ხილის ნამცხვრის ნარევში და ცომი გაანაწილეთ რამეკინებს შორის.
e) გამოაცხვეთ სუფლები წინასწარ გახურებულ375F-ზე. ღუმელში 12-15 წუთის განმავლობაში, ან სანამ ოქროსფერი არ გახდება და ცენტრებში ჩასმული დანა სუფთა არ გამოვა.

97. წითელი კოლის სუფლე მყინვარებით

მზადდება: 8 პორცია

ინგრედიენტები:

- 20 უნცია ქოლო; გაყინული
- ¾ ჭიქა შაქარი
- ⅓ ჭიქა; წყალი
- 6 კვერცხი; გამოუყო
- 2 ჭიქა ათქვეფილი ნაღები; ათქვეფილი

a) დაბალ ცეცხლზე მოხარშეთ ქოლო, სანამ სითხე თითქმის არ გაქრება (დახლოებით15 წუთი). გააჩერეთგასაგრილებლად
b) საშუალო ზომის ქვაბში შეურიეთშაქარი და წყალი; მიიყვანეთ ადუღებამდე და სწრაფად ადუღეთ3 წუთის განმავლობაში რბილი ბურთის ეტაპზე.
c) პატარა მიქსერის თასში ათქვიფეთ კვერცხის გული სქელად ლიმონის შეფერილობამდე.
d) საშუალო სიჩქარით მიქსერით კვერცხის გულებს ნელნელა დაასხითცხელი სიროფი; ათქვიფეთსქელად მსუბუქამდე.
e) მოაყარეთ ქოლში. კვერცხის ცილა ავთქვიფოთ მყარი მწვერვალების ჩამოყალიბებამდე. მოაყარეთქოლოს ნარევში.
f) მოაყარეთათქვეფილი ნაღები. დაამაგრეთალუმინის ფოლგის 2 დიუმიანი საყელოები 8 ინდივიდუალური სუფლეს კერძის ან ჭიქის გარშემო
g) კოვზითმოაყარეთქოლოს ნარევი, ამოავსეთსაყელოს ზევით
h) გაყინეთ საყელო ამოიღეთ მირთამსახურებლად მორთეთ ათქვეფილი კრემითდა ახალი ქოლოთ.

98. ჰომინის სუფლე

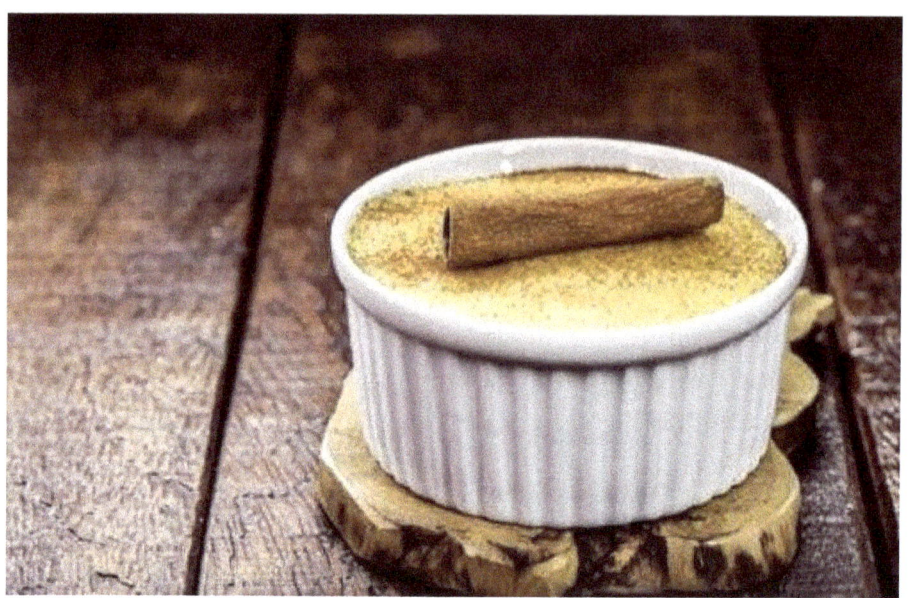

მზადდება : 8 პორცია

ინგრედიენტები:

1 ჭიქა რძე

1 ჭიქა წყალი

½ ჭიქა ჰომინის მარცვლები

2 სუფრის კოვზი კარაქი, გამდნარი

¾ ჩაის კოვზი მარილი

3 კვერცხი, გამოყოფილი, კარგად დათქვეფილი

1. გაწურეთრძე და წყალი ორმაგი ქვაბის თავზე.

2. დაამატეთჰომინის ლვეზელები, ურიეთსანამ არ შესქელდება; მოხარშეთ1 საათი.

3. მაგარი; დაამატეთკარაქი, მარილი და კვერცხის გული, კარგად აურიეთ

4. ნაზადმოაყარეთმყარადდათქვეფილი კვერცხის ცილა.

მიღებული მასა ჩაასხითკარგადკარაქიან ქვაბში; გამოაცხვეთ წინასწარგახურებულ325'F-ზე. ღუმელი 45 წუთი.

99. ჟასმინის ჩაის სუფლე ლმონის ბალხის ნაყინით

მზადდება: 6 პორცია

ინგრედიენტები:

- ½ ჭიქა ფხვიერი ჟასმინის ჩაის ფოთლები
- ¼ ჭიქა ფხვიერი ოლონგის ჩაის ფოთლები
- 1 ჭიქა რძე
- 3 ჭიქა მძიმე კრემი
- 2 ტაიტური ვანილის ლობიო; გაყოფილი სიგრძეზე,
- და გახეხილი
- ½ ჭიქა თაფლი
- 10 კვერცხი; გამოყო
- ½ ჭიქა სიმინდის სახამებელი
- ½ ჭიქა შაქარი; (1/4 ჭიქა გულებისთვის,
- და 1/4 ჭიქა თეთრებისთვის)
- 6 კარაქიანი და შაქრის შემცველი ექვსი უნცია რამეკინი -
- ლიმონის ბალახის ნაყინი

a) არარეაქტიულ ქვაბში დაბალ ცეცხლზე აურიეთ ჩაი, ნაღები, რძე და ვანილის მარცვლები/ტოტები და მიიყვანეთ ადუღებამდე. ადუღეთ 20 წუთი, შემდეგ გადმოდგით გაზქურიდან და კიდევ 30 წუთი გააჩერეთ
b) გადაწურეთ გაჟღენთილი სითხე და ხელახლა გაათბეთ თაფლთან ერთად ადუღებამდე. უჟანგავი ფოლადის თასში ათქვიფეთ 10 გული, სიმინდის სახამებელი და ¼ ჭიქა შაქარი. გულებს გულებს დაუმატეთ მხოლოდ ერთი ჭიქა ცხელი გაჟღენთილი კრემი. კარგად აურიეთ და შემდეგ ადუღებული ნარევი ისევ ქვაბში ჩაამატეთ
c) საშუალო ცეცხლზე, მუდმივად ათქვიფეთ სანამ არ შესქელდება, შემდეგ მოხარშეთ კიდევ 3-5 წუთი.
d) მიღწეული უნდა იყოს საკონდიტრო კრემის ტექსტურა. ძირი გადაიტანეთ სასტუმროს პატარა ტაფაზე, დაახურეთ პოლიეთილენი და შედგით მაცივარში. ბაზის გაკეთება შესაძლებელია 24 საათით ადრე.
e) წინასწარ გააცხელეთ ფურცლის უჯრა 375 გრადუსზე გახურებულ ღუმელში. კვერცხის ცილა ათქვიფეთ 1 სუფრის კოვზ შაქართან ერთად თავდაყირა მიქსერით რომელიც აღჭურვილია ათქვეფილ

დანამატით დახლოებით 8-10 წუთში მიიღწევა რბილი მწვერვალები. დაამატეთ დარჩენილი შაქარი და ათქვიფეთ მაღალ სიჩქარითორი 5 წამის განმავლობაში.

f) დიდ უჟანგავი თასში ხელით ათქვიფეთ გაცივებული ინფუზიური კრემის ფუძე გლუვებამდე. სპატულის გამოყენებით ნაზად მოაყარეთ კვერცხის ცილა მოცულობის 50/50 თანაფარდობით იმუშავეთ სწრაფად მაგრამ ზედმეტად არ აურიოთ

g) ბაზა უნდა იყოს ერთი ერთგვაროვანი ფერი. შეავსეთ რამეკინები ზევით ჩამოსგდეთ თითოეული 3 ინჩის სიმაღლიდან არასასურველი ბუშტების გასაფანტად

h) მოათავსეთ გახურებულ ფირფიტაზე და გამოაცხვეთ 12 წუთის განმავლობაში. 6 წუთის შემდეგ სუფლეები აწევას დაიწყებენ. შეამოწმეთ ამომავალი სუფლეები, რომ დაინახოთ რამე კიდეები ხომ არ არის დაჭერილი რამეკინის რგოლებზე; საჭიროების შემთხვევაში გახსენით ღუმელის კარი და ფრთხილად დაჭერით წებოვანი ნაწილი დანით

i) სუფლეები თავისთავად გასწორდება.

j) როდესაც სუფლეს გვერდები ოქროსფერი გახდება (სუფლეს არ ჩამოცვენის გასაღები არის ქერქიანი, ოქროსფერი ყავისფერი მხარეები), გამოიღეთ ღუმელიდან და ზემოდან მოაყარეთ საკონდიტრო შაქრით

k) მიირთვით დაუყოვნებლივ ლიმონის ბალახის ნაყინის კოვზით

l) დასაკრავად სუფლე მოათავსეთ თეფშზე. სუფლეს ზემოდან გაჭერით ხვრელი და შიგ ჩადეთ ნაყინის კოვზი.

100. ფორთოხალი - კვერცხის სუფლე

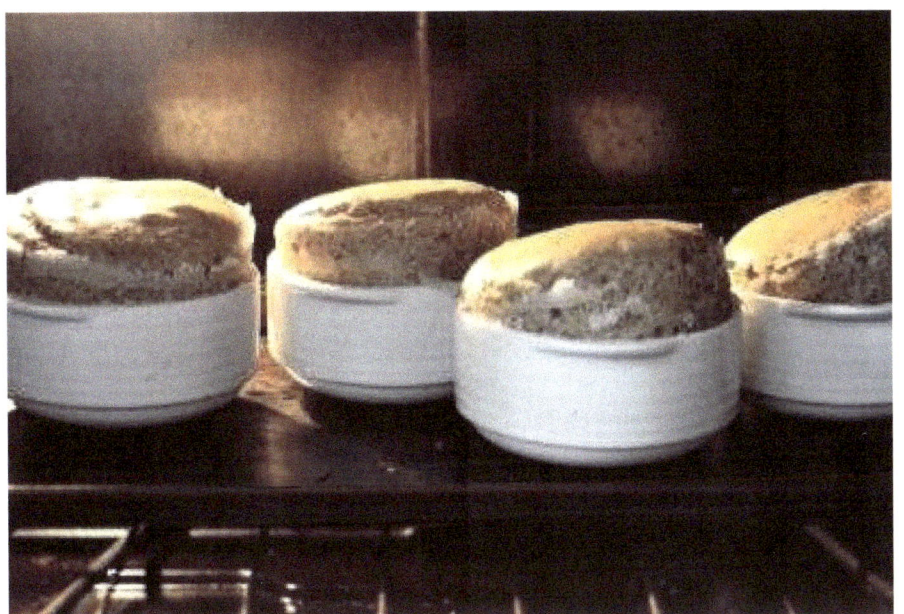

მზადდება: 6 პორცია

ინგრედიენტები:

- 2 კონვერტი უგემოვნოჟელატინი
- ¾ ჭიქა შაქარი, გაყოფილი
- 8 უნცია ნახევრადტკბილი შოკოლადი,
- წვრილადდაჭრილი
- 2 ჩაის კოვზი ვანილის კრემის სოუსი
- □ათქვეფილი ნაღები
- მოხალული ნუში
- ¼ ჩაის კოვზი მარილი
- 5 კვერცხი, გამოყოფილი
- 1 ჭიქა წყალი
- ¼ ჭიქა გაყინული ფორთოხლის წვენი
- კონცენტრირება
- 1 ჩაის კოვზი გახეხილი ფორთოხლის კანი
- 2 ჭიქა კვერცხი
- 1 სუფრის კოვზი რომის ექსტრაქტი
- ¼ ჩაის კოვზი კბილის კრემი
- 2 ჭიქა ათქვეფილი ნაღები, გაყოფილი
- ფორთოხლის ნაჭერი

a) ჟელატინი შეურიეთ ¼ ჭიქა შაქარს და მარილს. ათქვიფეთ კვერცხის გული წყალთან და ფორთოხლის წვენის კონცენტრატთან ერთად და დაუმატეთჟელატინის ნარევს.

b) აურიეთ დაბალ ცეცხლზე, სანამ ჟელატინი მთლიანად არ დაიშლება, 5-დან 8 წუთის განმავლობაში.

c) გადმოდგითცეცხლიდან.

d) დაამატეთფორთოხლის კანი, კვერცხის და რომის ექსტრაქტი.

e) გააცივეთ დროდადრო ურიეთ სანამ კოვზიდან ჩამოსხმისას ნარევი ოდნავ ადუღდება.

f) კვერცხის ცილა ათქვიფეთ საცხობი კრემით ქაფამდე; თანდათან დაამატეთ დარჩენილი შაქარი და ათქვიფეთ რბილი მწვერვალების ჩამოყალიბებამდე.

g) მოაყარეთ ჟელატინის ნარევში. ათქვიფეთ 1½ ჭიქა კრემი რბილი მწვერვალების ჩამოყალიბებამდე; მოაყარეთ ჟელატინის ნარევში.

h) ჩაასხით 1 ც. სუფლეს კერძი საყელოთი. საყელოს გასაკეთებლად ამოიღეთ 4" ნაჭერი კილიტა ქურქლის გარშემოწერილობაზე 4" სიგრძით გადაკეცეთ ის მესამედებად სიგრძეზე. მოათავსეთ ქურქლის თავზე და მიამაგრეთ ლენტი ისე, რომ მჭიდროდ მოერგოს.

i) გაგრილებამდე, მინიმუმ 6 საათი. ამოიღეთ საყელო

j) დარჩენილი ½ ჭიქა კრემი ათქვიფეთ გამაგრებამდე; მორთეთ ათქვეფილი კრემითა და ფორთოხლის ნაჭრებით

დასკვნა

დასასრულს, სუპის კულინარიული წიგნი აუცილებლად უნდა ჰქონდეს ყველას, ვისაც უყვარს სუპები დელიკატური და გემრიელი არომატები. არჩევანის 100 რეცეპტით თქვენ არასოდეს დაგრჩებათ ახალი და საინტერესო სუპის ქმნილებების შექმნის იდეები. მიუხედავად იმისა, გამოცდილი შეფ-მზარეული ხართ თუ დამწყები მზარეული, ეს კულინარიული წიგნი შექმნილია იმისთვის, რომ დაგეხმაროთ ყოველ ჯერზე სრულყოფილი სუპის მომზადებაში.

მაშ, რატომ დაველოდოთ? მიიღეთ ზეციური სუპის ქმნილებები თქვენი ასლი დღესვე და დაიწყეთ ყველაზე ზეციური სუპების შექმნა, რომელიც თქვენს სტუმრებს მეტის თხოვნით დატოვებს!

Ingram Content Group UK Ltd.
Milton Keynes UK
UKHW020612120623
423287UK00008B/28